"LE POUVOIR DE L'INSIGNIFIANT"
24 CHAPITRES – POUR ATTEINDRE LA 25ÈME HEURE

SOMMAIRE :

CHAPITRE PREMIER LA PREMIÈRE HEURE : LA PIÈCE RAPPORTÉE EST SANS DOUTE LA CLÉ
L'OFFRANDE ET LA VIANDE
L'OFFRE ET LA NON-DEMANDE

CHAPITRE SECOND LA SECONDE HEURE : LA COULEUR S'INVITE À LA FÊTE
ON A TOUS LE DROIT À LA COOL-HEURE

CHAPITRE TROISIÈME LA TROISIÈME HEURE : L'INSIGNIFIANCE DE LA PLACE
L'INSIGNIFIANCE EST DANS LA PLACE

CHAPITRE QUATRIÈME LA QUATRIÈME HEURE : UN TRUC, UN MACHIN, UNE CHOSE,
UNE PARTICULE,
UN NANANI, UN NANANA

CHAPITRE CINQUIÈME LA CINQUIÈME HEURE : LA LÉGENDE

CHAPITRE SIXIÈME LA SIXIÈME HEURE : LE BONHEUR N'EST PAS À REMETTRE
AU LENDEMAIN

CHAPITRE SEPTIÈME LA SEPTIÈME HEURE : LA POLITIQUE ET NOS ANIMAUX

CHAPITRE HUITIÈME LA HUITIÈME HEURE : CŒUR JOYEUX - CHŒUR HEUREUX
STÉRÉO POSITIF

CHAPITRE NEUVIÈME L'HEURE NEUVE : MAINS PLEINES DE DOIGTS
PIEDS SUR PLAINE TU DOIS

CHAPITRE DIXIÈME LA DIXIÈME HEURE : IL VAUT MIEUX AVOIR LA TÊTE DANS LA
LUNE QUE SIX PIEDS SOUS TERRE
MAIS L'ENTRE DEUX EST QUAND MÊME
SYMPATHIQUE

CHAPITRE ONZIÈME L'ONZIÈME HEURE : LE SENS DU DÉTAIL.

CHAPITRE DOUZIÈME
À LA DOUZIÈME HEURE
MIDI SONNE : CE N'EST QUE LORSQUE L'ON A POSÉ
NOTRE PIERRE SUR LES CHEMINS NOIRS,
QUE L'ON PEUT COMMENCER
À ENTRAPERCEVOIR LES CHEMINS
CLAIRS

"LE POUVOIR DE L'INSIGNIFIANT"
24 CHAPITRES – POUR ATTEINDRE LA 25ÈME HEURE
SOMMAIRE :

CHAPITRE TREIZIÈME
LA TREIZIÈME HEURE
L'HEURE DE LA CHANCE :
+ IL Y A DE L'ÉLECTRICITÉ DANS L'AIR -
UN ÉCLAIR VERS LE PASSÉ, UNE ÉTINCELLE VERS L'AVENIR

CHAPITRE QUATORZIÈME LA QUATORZIÈME HEURE :
ÇA M'EST COMPLÈTEMENT PARFAITEMENT ÉGAL (=)

CHAPITRE QUINZIÈME LA QUINZIÈME HEURE :
DIRE LES NON-DITS
MÊME SI C'EST DANS UN LIEU-DIT

CHAPITRE SEIZIÈME LA SEIZIÈME HEURE :
ON N'EST PAS DANS LA MERDE

CHAPITRE DIX-SEPTIÈME
LA DIX-SEPTIÈME HEURE :
TOUTES LES MAINS PEUVENT ÊTRE FAITES POUR L'OR

CHAPITRE DIX-HUITIÈME
LA DIX-HUITIÈME HEURE :
NE SOYEZ PAS AUSSI LOURD QUE DU PLOMB

CHAPITRE DIX-NEUVIÈME
LA DIX-NEUVIÈME HEURE :
ÊTRE SUPERMAN NE VEUT PAS DIRE ÊTRE LE SUPER MÂLE
DE L'AMOUR NAIT LE SUPERMAN

CHAPITRE VINGTIÈME
LA VINGTIÈME HEURE :
UN VERRE SOLITAIRE
N'EST PAS UN VERRE COLLABORATIF !

CHAPITRE VINGT-ET-UNIÈME
LA VINGT-ET-UNIÈME HEURE :
VERTIGO - POURQUOI LE TIGRE SE PARFUME À LA DYNAMITE ET PRENEZ GARDE
À LA SUEUR FROIDE

CHAPITRE VINGT-DEUXIÈME
LA VINGT-DEUXIÈME HEURE :
FAITES LA BONNE CHOSE -
DO THE RIGHT THING - DO THE THING -
DO THING - DO

AIME SI - AIME ÇA - LIKE THIS -
LIKE THAT - COMME SI - COMME ÇA -
ET FÊTE BIEN ÇA

CHAPITRE VINGT-TROISIÈME
LA VINGT-TROISIÈME HEURE :
LA CARTOGRAPHIE MENTALE -
LA SCIENCE DES CAUCHEMARS RESTE
AVANT TOUT L'INTERPRÉTATION
DE RÊVE(S)

CHAPITRE VINGT-QUATRIÈME
MINUIT SONNE À
LA VINGT-QUATRIÈME HEURE :
ENCORE DEBOUT
EN 24 HEURES
ON A JUSTE FAIT UN TOUR

"Le pouvoir de l'insignifiant"

24 CHAPITRES – POUR ATTEINDRE LA 25ème HEURE

Sommaire :

Chapitre vingt-cinquième
la vingt-cinquième heure :

la 25ème heure

l'heure consciente
l'heure - logée de l'horloger

"Le pouvoir de l'insignifiant"

24 chapitres – pour atteindre la 25ème heure

Avant-propos :

Je ne pense pas que l'insignifiant soit un bon prétexte pour ne pas accorder de l'importance à une idée. L'importance de trouver de bonnes choses dans n'importe quel contexte est primordiale pour le développement de la bonne humeur.

En explorant les détails de la vie, l'insignifiant peut sembler être sans importance, mais en réalité, il peut avoir un impact significatif sur nos vies. En effet, notre bonheur et notre bien-être ne dépendent pas seulement de grands événements ou d'accomplissements importants, mais aussi des petites choses qui remplissent notre quotidien. Les moments apparemment insignifiants que nous passons avec nos amis et notre famille.

« Une simple phrase d'une banalité entendue dans la rue peut vous inspirer pour des années à venir. »

Les petits gestes de gentillesse bienveillants que nous montrons aux autres ne sont pas à négliger. Autrement dit, garder les plaisirs simples de la vie peut être un repère dans nos actions à venir.

Regarder le coucher du soleil ou sentir l'herbe sous nos pieds. Ces gestes peuvent tous contribuer à notre bonheur et à notre épanouissement, et donc nous aider à prendre les bonnes décisions avec un esprit apaisé. Vous découvrirez comment une simple action, une idée ou un mot peut faire la différence entre le succès et l'échec.

Comment jouer avec nos émotions nous permettent d'obtenir un sentiment de paix intérieure.

Au travers de ce livre, je vais vous raconter des récits de vie qui illustrent le pouvoir de l'insignifiant.

« Des moments apparemment banals qui ont eu un impact important sur la manière d'appréhender des situations singulières. »

Ces récits vont vous montrer que chaque moment de notre vie a le potentiel de nous enrichir, de nous éduquer, de nous émerveiller et de nous inspirer.
Nous pouvons stimuler notre cerveau et enrichir notre expérience de la vie.
Un être humain doit être capable de stimuler sa ''matière grise'' pour pouvoir lui apporter un maximum de tonalités et de nuances.

Une stimulation par différents univers.
        Une stimulation d'hygiène mentale.

Nous devons être capables de trouver de la valeur dans les choses les plus simples, les plus modestes et les plus ordinaires pour atteindre une certaine sérénité mentale.

Afin de varier ses environnements au profit de rencontres hétérogènes pour obtenir un alignement cohérent dans nos synapses et être satisfaits de ses choix, choisis, imposés, et souvent inattendus.

Ceux qui semblent insignifiants, mais qui sur le long terme, sonnent non pas comme un malentendu, mais plutôt comme un bon entendu.

Ils vont vous encourager à porter une attention particulière aux détails de votre vie.

À chercher la beauté et la signification dans les moments apparemment insignifiants, et à vivre votre vie avec une curiosité et une appréciation distinguées.

Je crois que la vie est une aventure, et que chaque moment est une opportunité de grandir, d'apprendre et de s'épanouir.

Je suis convaincu que l'insignifiant a un pouvoir énorme sur notre vie, et j'espère que ce livre vous permettra de découvrir ce pouvoir par vous-même. Avec ce livre, je vous invite à vous joindre à moi dans une quête pour trouver la beauté et la signification dans chaque moment de votre vie.

Je souhaite montrer que les détails peuvent avoir une grande signification à long terme. Des récits de vie insignifiants au caractère extraordinaire.

Des souvenirs, des interprétations, des définitions qui donnent la couleur et le ton à cette notion de pouvoir de l'insignifiant. Un récit superfétatoire. Nous pouvons nous ouvrir à de nouvelles façons de penser, de ressentir et de vivre.

Je vous invite à plonger dans ces pages avec un esprit ouvert et à découvrir avec moi le pouvoir (subjectif) de l'insignifiant.

Excelsior !

La nuit avait enveloppé Bordeaux de son voile mystérieux lorsque j'ai vécu une expérience singulière qui a inspiré l'écriture de mon livre. Alors que je me préparais pour un tournage audiovisuel, un inconnu est venu à ma rencontre, tenant une boîte de steaks hachés surgelés à la main.

Je dois avouer que j'ai été surpris et que j'ai ressenti une multitude d'émotions contradictoires.

Tout d'abord, la perplexité : que pouvait bien vouloir cet homme de moi avec sa viande emballée dans du cellophane ?

Puis, une pointe de jugement s'est immiscée dans mon esprit, me poussant à me méfier de cette étrange proposition. Le noir et blanc où le noir est blanc ?

L'INATTENDU.

Première tonalité, un jugement.
Son offre sous-entend une demande, une aide.
Dans ce genre de situation nos émotions fabriquent un cheminement de pensée d'instinct primitif :

"L'offre est la viande."

La peur d'accepter. En cas de refus mon interlocuteur, va-t-il à son tour s'énerver et au préalable mal le prendre et à mon tour finirai-je la tête décapitée et empaquetée dans un frigidaire.
Mais malgré mes doutes, j'ai ressenti une légère joie, touché par l'offre généreuse et incongrue de cet homme. Une offre marquante.

Cependant, un soupçon de dégoût est également venu s'immiscer dans mon esprit.
D'où provenaient ces steaks hachés ?

L'œuvre du temps ne les a-t-il pas décongelés ?

Étaient-ils encore comestibles après avoir été décongelés ?

Auquel cas je conseillerais de les préparer le plus vite possible et bien cuit dans l'éventualité qu'il soit consommé.

Finalement, j'ai décidé de poursuivre mon activité et de repousser l'inconnu. Mais j'ai rapidement compris que cet homme avait besoin d'aide, et que sa boîte de steaks hachés était sa façon maladroite de demander de l'aide.

Malgré la petite voix dans ma tête qui m'incitait à être prudent, j'ai ressenti de l'empathie pour cet homme. Nous sommes tous des êtres humains en quête de connexion, et j'ai réalisé que cet homme avait simplement besoin de parler à quelqu'un et de se sentir moins seul dans cette grande ville.

Nous avons échangé quelques mots, et j'ai pris le temps de l'écouter et de le rassurer. Puis, j'ai dit au revoir à cet inconnu avant de reprendre mes activités. Avant de partir, il a déposé la boîte de steaks hachés sur le rebord d'une boîte aux lettres et il est parti.

« Ouf l'inconnu du steak, n'était pas l'inconnu du lac. »

Un steak vaut mieux que deux tu l'auras.

La raison revient vite à la surface.

L'heure étant venue de lui dire au revoir et de lui rappeler que l'on ne peut accepter des steaks hachés de la part d'inconnus.

Inspirer et transpirer la confiance est primordial face à ce genre de situation.
Des amis m'ont rejoint pour appuyer mes propos.

Un ami vaut mieux que deux tu l'auras.

J'ai pris le temps de l'écouter, de le rassurer, avant de lui dire au revoir et de reprendre mes activités.

L'homme au steak est parti, avant de nous quitter, il a préféré laisser son lot de steaks hachés sur le rebord d'une boîte aux lettres.

Plus tard, en repensant à cette rencontre insolite, j'ai réalisé à quel point cette expérience avait été riche en émotions et en enseignements.

Le concept de l'offrande et la viande surgelée, avait déclenché ma méfiance, puis s'était transformé en un symbole de notre besoin commun de connexion humaine.

Il suffit de lancer un petit peu le dialogue pour comprendre que la personne qui se trouve en face de nous est un semblable.

Car parfois, les histoires les plus marquantes ne sont pas les plus spectaculaires, mais plutôt celles qui nous permettent de nous connecter à notre humanité commune.

Le steak était-il empoisonné ou pas, est-ce qu'il y avait vraiment des steaks dans cette boîte, qu'est-il advenu de la boîte, l'important est d'avoir trouvé une histoire à raconter aussi insignifiante soit telle.

Cependant une histoire insignifiante sans être vaine doit être intrigante.

La pièce rapportée est bien la clé de ce chapitre, je peux l'affirmer

《 SANS DOUTE 》

* **INTRIGUE :**

Faits qui semblent parfois être complexes à appréhender et parfois difficiles à déficeler, mais qui peuvent se révéler d'une banalité sans égal, bien souvent d'une justesse captivante.

Une intrigue politique, un coup d'état, une intrigue amoureuse comme un silence des désirs.

En réalité, il s'agit d'une association d'événements. Des non-dits, marquants suivis on l'espère d'une résolution.

Un dénouement. Un scénario en trois actes.

Présentation du décor, événements, résolutions. Une intrigue insignifiante est généralement superfétatoire.

« Idéal pour se faire un film. »

Le concept de l'offrande et de la viande, ou de l'offre et de la non-demande, émerge d'une expérience imprévue avec un homme inconnu, qui offre une boîte de steaks hachés surgelés.

L'offrande de cet inconnu peut être perçue comme une offre, mais sans aucune demande ou attente de réciprocité, ce qui peut nous poser un maximum de questions.

Cette situation suscite diverses émotions et réactions, en passant par :

- La joie

- La peur

- Le dégoût

- L'empathie.

L'expression :

"Un steak vaut mieux que deux tu l'auras".

Peut-être interprétée comme une manière de dire que parfois :

Une offre désintéressée peut valoir plus qu'une demande intéressée.

C'est un moyen de souligner également l'importance de la confiance dans ces situations.

Ainsi que l'intrigue qui peut émerger de la banalité des événements de la vie quotidienne.

En fin de compte,

vivre ce genre d'expériences peuvent être significatifs et même intrigants, elles peuvent conduire à des histoires intéressantes à raconter.

''CHAPITRE SECOND
LA SECONDE HEURE''

« LA COULEUR S'INVITE À LA FÊTE

ON A TOUS LE DROIT À LA COOL-HEURE »

Un jour, une couleur.

Dans les moments les plus calmes de l'existence, l'humain prend conscience de l'importance de la couleur.

Un film prend un tout autre sens si nous n'utilisons pas les couleurs à notre avantage et à l'aventage du récit.

Une femme habillée en rouge ne désire pas la même chose qu'une femme habillée en noire.

"Attention quand on aime une femme ou un homme, on a tout intérêt à l'aimer sous toutes ses nuances de couleur.

L'amour est à voir sous toutes ses tonalités, cependant il n'est pas insignifiant. Selon certaines cultures, croyances, et fictions."

Les couleurs dégagent un certain effet sur nos vies. Par exemple selon certaines fictions populaires et après des études approfondies dans certaines écoles.

. Le rouge serait la couleur du courage, de la bravoure, la détermination, la force.
. Le bleu serait la couleur de la sagesse, de l'apprentissage, de l'originalité et de la curiosité approfondie, oui, et surtout l'intellect.
. Le vert serait quant à lui une valeur ambitieuse, c'est certain.
. Le jaune serait quant à lui une forme de loyauté et de patience sans équivalent. Tout ceci est au fond sans importance.

Il vaut mieux agir comme un rouge, réfléchir comme un bleu, être loyale comme un jaune, et avoir la chance d'être ambitieux comme un vert.

Ce sont également des valeurs que certains politiciens appliquent, voyez-vous.

Dans d'autres fictions pas si lointaines. Les couleurs représentent d'autres choses. C'est semble-t-il important d'y prêter attention.

Dans ces récits, le rouge représente la destruction. Le bleu est associé à la justice et au pouvoir, le vert est quant à lui associé à la sagesse, et le jaune et bien à la non appartenance à la colère, une forme de loyauté et d'amitié en somme.

Dans cette situation faut-il vraiment agir comme un rouge, réfléchir comme un bleu, être loyale comme un jaune, et avoir la chance d'être sage comme un vert.

Dans ce cas précis nos politiciens vous répondront sans doute, (je l'espère) que c'est sans importance pour gouverner.

Rassurez-vous, le spectre des couleurs ne se limite pas à ces quatre couleurs.

Une couleur correspond à une ou plusieurs émotions selon la situation.

Et n'oubliez pas que la luminance est le squelette de nos couleurs, oui si vous voulez dégager une neutralité à toute épreuve privilégiez le gris, pour éviter le noir et blanc.

Si vos amis ont du goût, soyez leurs notes de couleur.

Mais n'oubliez pas qu'un ami, une amoureuse, un amoureux, vous tendra la main quelle que soit la couleur et que le reste est sans importance, cependant cela n'empêche pas d'être élégant voir coquet.

Mais ne faites pas d'amalgames entre la classe et la coquetterie. Soyez bonne élève. Voir professionnel.

Encore une fois, on espère que nos politiciens s'unissent pour respecter ces codes, et mesures déontologiques.

Un exemple plutôt connu de l'appréhension de nos couleurs au quotidien. Les feux de circulation.

Quand les feux sont verts, tout est ouvert. C'est un signe que l'on est hors de danger Le vert est devenu par nature un signe positif et donc d'acceptation et de validation d'une action à faire et à suivre. Un rappel de la nature pour nous dire que c'est une décision sereine à entamer. Quand les feux sont verts, c'est donc un retour à une sérénité naturelle et donc une validation d'une étape à réaliser.

Quand les feux sont rouges, attention c'est signe de danger. Un rappel du sang, une couleur stimulante et évocatrice d'une alerte. Aucune action à venir n'est conseillée.

C'est une règle établie par les coutumes de la société moderne.

La confusion serait présente, si la règle était inversée. L'acceptation par le rouge et l'interdiction par le vert.

Maintenant nous pouvons appliquer toutes ses connaissances pour reconnaître les valeurs des drapeaux d'un pays. Le pouvoir de l'insignifiant nous rappellerait que ce n'est vraiment pas important.

Car encore une fois tout dépend de notre culture et que c'est insignifiant pour passer du bon moment avec ses proches.

Comprendre son environnement.

Le brun d'un tronc d'arbre pourra éventuellement nous rappeler qu'on a grandi avec lui, le vert de ses feuilles pourrait nous rappeler l'appel de la sérénité, le grand bleu nous appeler à prendre le large. Comme un bon bureau que l'on a du mal à quitter.

La couleur d'une personne aimée. Mais encore la couleur d'une fête.

Si vous avez un doute sur le fait que le noir et blanc sont des couleurs.

Ce qui est légitime de se poser la question, car le noir et blanc sont concrètement l'idée physique

        DE : L'ABSORPTION - (LE NOIR)
        ET : LA DIFFUSION   - (LE BLANC)

De toutes couleurs existantes.

Deux façons de voir cela en fonction de notre philosophie de vie.
Pour reprendre le principe du verre de vin à moitié vide ou à moitié plein, qui illustre bien deux façons de voir une même vision :

Nous pouvons donc parler de verre totalement vide, ou de verre totalement plein.

        Quand le verre est vide, cela signifie l'absence du contenu.

Un verre vide peut donc symboliser une absence de « couleur » à 0%, le blanc.

Quand le verre est plein, cela signifie la totale présence du contenu. Un verre plein peut donc symboliser une présence absolue de « couleurs » à 100 %. Le noir.

À voir selon le point de vue si oui ou non, le noir et blanc sont des couleurs.
Mais rappelez-vous qu'un verre de vin, qu'il soit vide ou plein, restera un verre de vin.

L'idée étant que l'on peut voir la couleur comme son contenu : Le Vin.

On peut voir la couleur comme le représente son contenant : Le verre de Vin.

Les deux sont défendables, approuvé et certifié.

Une vision est plus dans le concret :

« Juste le Vin »

On est plus dans le recul et l'analyse avec la vision.

« Le verre de Vin dans sa globalité »

Quand le verre est à moitié vide ou à moitié plein :

On est donc dans le gris absolu.
Le flou. Une vision sans tonalités.

>La neutralité absolue, le gris à 50 pourcents %

À vous de voir si maintenant vous le préférez plein : donc noir.

Ou vide : donc blanc.

Donc n'ayez pas les idées noires si vous le voyez « Vide »

Ne vous inquiétez pas, normalement vous saurez garder votre sens de la fête.

*Superfétatoire

« Qui s'invite dans un premier temps inutilement à la fête. » Mais qui, selon certains sages, rassure par sa présence peu naturelle. Un superfétatoire est en quelque sorte un invité surprise. Du moment qu'il ramène sa bonne humeur et sa bienveillance. Un fait superfétatoire peut provoquer une gêne des émotions inattendues.
En réalité une personne n'est jamais superfétatoire.

Dans une fête, ce qui est réellement superfétatoire c'est l'alcool et ce qui est vraiment superfétatoire ce sont les stupéfiants. Terrible certes, mais stupéfiant. D'ailleurs stupéfiant, c'est un petit peu la même étymologie que stupide. Dans ce cas-là nous appelons ça le stupidement insignifiant, donc bon à jeter et à ne plus utiliser.

Si on vous interroge sur ce que veut dire Superfétatoire, vous pouvez leur dire que leurs interrogations est :

Surérogatoire*

Le concept de "La couleur s'invite à la fête" évoque l'importance de la couleur dans notre vie quotidienne et dans notre perception du monde qui nous entoure.

Les couleurs peuvent avoir des significations symboliques différentes selon les cultures et les contextes.

Elles peuvent influencer notre humeur et nos émotions.

Ainsi, la couleur d'une tenue vestimentaire peut exprimer une certaine humeur ou personnalité, et les couleurs d'un film peuvent contribuer à l'ambiance et au message véhiculé.

Le texte évoque également le concept de "superfétatoire".

Qui désigne quelque chose d'inutile ou de superflu, mais qui peut tout de même avoir une présence rassurante dans certaines situations.

Soulignons que les personnes ne sont jamais vraiment superfétatoires,

mais que certaines substances :

tels que l'alcool ou les stupéfiants,

peuvent être nuisibles et être véritablement superfétatoires.

En somme,

le texte invite à réfléchir à l'importance de la couleur dans notre vie et à être attentif à l'impact qu'elle peut avoir sur notre état d'esprit et nos émotions.

Il rappelle également l'importance de faire attention aux substances que l'on consomme et de ne pas laisser l'inutile et le nuisible prendre le pas sur l'essentiel.

Choisissons les couleurs de demain.

''CHAPITRE TROISIÈME
LA TROISIÈME HEURE''

« L'INSIGNIFIANCE DE LA PLACE

L'INSIGNIFIANCE EST DANS LA PLACE »

D'ailleurs, nous avons beaucoup employé dans nos langues cette phrase qui parait creuse. Que l'on peut lier à la naissance. Doit-on dire :

Il est pas là.

Ou bien :

Il n'est pas là.

La négation semble importante, mais dans le fond, c'est insignifiant.

On parle de familier et de langage courant.

Prenons du recul sur cette phrase. La négation renforce néanmoins le propos.

Cela semble insignifiant de soigner la forme. Mais cela raffine notre vocabulaire.

Cependant, ne dit-on pas :

Être ou ne pas être.

La négation est belle, et bien présente. Mais pas en tant que particule juste avant le verbe. Cette phrase fonctionne bien, la négation particulière est donc super futile. Pour raffiner notre vocabulaire nous pouvons néanmoins formuler :

Être ou ne pas n'être.

Oralement parlant cette locution prend un tout autre sens :

Être ou ne pas naître.

Donc :

- Il n'est pas.

Devient :

- Il naît pas.

Vous êtes là, donc rassurons-nous.

En revanche, ne vous faites pas avoir quand il s'agit de choisir votre place dans un cinéma. Ce n'est pas insignifiant.

Locution à éviter :

ne pas dire à défaut d'aller voir un film. Dite à qualité d'aller voir un film. Ou je vais voir un long.

   *Néanmoins :

c'est l'association de deux mots qui sont liés. C'est le néant en moins. Cette expression est donc le comble de l'insignifiant.

Dans ce chapitre,
nous abordons le concept de l'insignifiance de la place.

En bref soulignons que la notion d'être heureux ne doit pas être nécessairement associée à la recherche d'une place privilégiée ou à la compétition pour être le premier dans un domaine. Au contraire, il est important que chaque métier soit reconnu à sa juste valeur.

Il faut donc encourager le lecteur à prendre du recul sur les expressions courantes de la langue pour mieux comprendre leur signification.

Par exemple, la différence entre "Il est pas là" et "il n'est pas là" semble peu important, mais la négation renforce néanmoins le propos. La négation peut être utilisée de manière subtile pour raffiner notre vocabulaire.

La phrase :

"être ou ne pas être"

peut-être reformulée en

"être ou ne pas n'être".

Ce qui change le sens de la phrase :
ceux qui changent le sens de la phrase.

Mais qui donne un problème de quiproquos qui n'a pas lieu d'être.

Enfin,
c'est en quelque sorte une mise en garde contre l'utilisation de certaines expressions, comme :

''à défaut d'aller voir un film.''

Qui peuvent sembler juste mais ont en réalité un impact sur notre langage et notre manière de penser. Il faut donc encourager à plutôt utiliser des expressions positives pour valoriser les choses, comme :

''à qualité d'aller voir un film.''

« Soyez bon en littérature,
   pour pas que l'on vous prenne
      littéralement pour une rature ».

"CHAPITRE QUATRIÈME
LA QUATRIÈME HEURE"

« UN TRUC, UN MACHIN, UNE CHOSE, UNE PARTICULE

UN NANANI, UN NANANA »

L'humain a besoin dans sa nature de mettre des noms,

des mots, des ondes vocales sur des objets.

Un repère pour se guider et communiquer avec ses proches, on parle alors de segmenter ses dires, ses espaces, ses possessions, ses objets.

Les objets des autres.

Mais également les objets en commun.
Des concepts, des vécus.

Comment va machin,
et tu sais ce truc, mais oui cette chose.

Efin bref, tu vois quoi ?

En somme une définition.

L'arrivée d'un nouvel élément doit être mise en son, en écrit, mettre en exergue un ressenti définitif quand on s'accorde sur un point.

Sur cette chose, ce truc, ce machin. Bien sûr. Un vide-pensées.

Le chapitre quatre aborde la nécessité pour les êtres humains de nommer les choses,

    les objets et les concepts.

Nous avons besoin de créer des repères pour nous guider dans notre environnement et communiquer avec les autres.

Nous utilisons des mots pour segmenter notre espace, définir nos possessions,

    et différencier les objets des autres et ceux qui sont en commun.

Cependant, nous avons souvent recours à des termes génériques tels que "truc", "machin", "chose", ou même des mots inventés tels que "nanani" ou "nanana".

Utile pour parler de quelque chose dont nous ne connaissons pas le nom ou dont nous ne nous souvenons pas.

Ces mots sont des "vides pensées" qui nous permettent de combler un manque de vocabulaire ou d'information.

Mais cela soulève la question de savoir si l'utilisation de ces termes génériques est suffisante pour bien communiquer.

En effet,

cela peut entraîner une incompréhension, une confusion ou un malentendu dans la communication.

Car chacun peut avoir une interprétation différente de ce que représente ce "truc" ou cette "chose".

Il est donc important de chercher à nommer les choses de manière précise et claire pour éviter les malentendus et les incompréhensions.

En bref,

Le chapitre quatre souligne l'importance de nommer les choses et les concepts de manière précise pour une meilleure communication et compréhension.

Les termes génériques tels que "truc", "machin" ou "chose".

Sont utiles pour combler un manque de vocabulaire ou d'informations, mais ils ne doivent pas être utilisés à la place d'un terme précis lorsque cela est possible.

En fin de compte, lorsqu'un humain se retrouve devant un bureau, il ne cherche qu'une seule chose, écrire son histoire, mais pas que.

Certains cinéphiles comprendront aisément, qu'un bureau a besoin d'une lampe pour nous aider à raconter une histoire.

Des sociétés d'écritures l'ont bien compris pour exprimer le besoin d'être éclairée par une lampe.

En fin de compte, diffuser sa lumière.

Son caractère.

Des réalisations ont besoin d'être mise en lumière. Une nuit étoilée, peut parfois nous aider à poser nos idées.

N'oublions pas que pendant la nuit nos paroles sont bercées par le zénith. Donc ce n'est pas si insignifiant.

Lors d'une nuit de décembre, avec un groupe d'amis je me suis retrouvé dans un restaurant brésilien avec une ambiance plutôt latinos. Au fil de la soirée un guitariste jouait avec son instrument des airs propices à danser.

Qui d'ailleurs nous rappelle qu'il ne faut pas hésiter à se lancer. Une gêne occasionnée à toujours plus de panache qu'une inaction remarquée. Se prendre une douche froide vaut mieux que de ne pas se laver du tout.

Revenons à notre guitariste :

Cet homme ambitieux, qui nous a accompagnés tout au long de la soirée, a donc dû conclure son show.
Une fois les remerciements prodigués, il nous a fait part de son idée :

« Vous me retrouverez bientôt au Zénith ».

Bien tenté, il a donc eu pour ambition de se retrouver devant un public devant une salle de concert pleine à craquer.

Un ami lui a donc machinalement, (avec humour) rappelé d'avoir les pieds sur terre et de redescendre un petit peu.

Il est bien de rappeler de fixer des objectifs réalistes avant d'auditionner pour de grands projets.

Mais la morale de cette histoire que je n'ai malheureusement pas pu lui souffler est :

« Ne te laisse pas avoir, en fin de compte tu joues déjà aux Zénith à partir du moment où tu es sous une nuit étoilée. »

Une Légende s'écrit avant de se transmettre.

« Lorsque la nuit tombe, tous les musiciens sont donc, par définition sous l'étoile du zénith. Ceux qui vous disent le contraire n'ont qu'à bien se tenir. »

Le chapitre cinq évoque l'importance de la légende, ou plutôt de la narration.
Dans la vie humaine, lorsqu'un individu se retrouve devant un bureau,

il cherche avant tout à écrire son histoire, à donner un sens à sa vie.

Mais pour y parvenir, il a besoin d'une source d'inspiration, d'une lumière pour éclairer ses idées.

Dans ce sens, une lampe sur un bureau peut symboliser la quête de la lumière, la quête de l'inspiration, de la créativité.

Cependant,

la narration ne se limite pas à l'écriture.

Les musiciens, les artistes et les créateurs de toutes sortes cherchent également à raconter des histoires à travers leurs créations.

La nuit, avec son ambiance mystique et son ciel étoilé, peut parfois être propice à la réflexion et à la création.

Les musiciens qui jouent sous l'étoile du zénith (c'est-à-dire sous l'étoile la plus haute dans le ciel) peuvent être inspirés par cette force mystérieuse qui les entoure.

En résumé, ce chapitre souligne l'importance de la narration, de la recherche de la lumière et de l'inspiration pour raconter une histoire, donner un sens à sa vie et créer des œuvres qui marquent leur temps.

Le concept de "la légende" est en réalité étroitement lié à celui de l'histoire et de la perception de celle-ci.

Dans le contexte de mon récit, "la légende" peut être interprétée comme le récit d'une expérience ou d'un événement qui est transmise et transmis de manière à être retenu dans la mémoire collective.

Le bureau, la lampe, la nuit étoilée, le guitariste, tous ces éléments peuvent devenir des légendes, des histoires qui seront racontées et partagées de génération en génération.

Chacun de ces éléments possède une caractéristique unique qui les rend mémorables, qu'il s'agisse de la nécessité de la lumière pour écrire ;
de l'inspiration que peut offrir une nuit étoilée, ou encore de la passion et de l'ambition d'un musicien.

Le guitariste en particulier,
par son ambition de jouer au Zénith, est un exemple intéressant de l'idée de

"légende".

Son ami l'a rappelé à l'ordre en lui conseillant de rester réaliste, mais en même temps, la morale de l'histoire souligne que les rêves et les ambitions sont nécessaires pour créer des légendes.

Le guitariste joue déjà "au Zénith" dans sa tête, et également sous la nuit étoilée, et cette expérience peut devenir une légende qui inspirera d'autres musiciens.

« La salle de concert devient juste une idée de valider un concept, un rêve de manière concrète ».

En somme, le concept de "Légende" peut être compris comme la capacité d'une expérience à être retenue dans les mémoires, ou par des faits concrets et matérialistes, comme des récompenses, des lieux, une reconnaissance physique et non symbolique.

Souvent en raison de son caractère unique et inspirant.

Les légendes peuvent inspirer d'autres personnes à poursuivre leurs rêves et à vivre des expériences qui deviendront peut-être à leur tour des légendes.

* Un récit historique concrètement est un fait retransposé, qui a pour objectif d'être au maximum proche de la réalité et être proche du témoignage.

* Contrairement à la légende qui se doit de garder une aura, pour véhiculer une histoire et une idée.

Une bonne histoire a pour vocation d'entrer dans la légende.

''CHAPITRE SIXIÈME
LA SIXÈME HEURE''

« LE BONHEUR N'EST PAS À REMETTRE AU LENDEMAIN »

« Le bonheur peut venir de partout. Ici, et là »

Mais encore de tous horizons. Il faut accepter les moments heureux à chaque instant et ne pas oublier que chaque jour est ''insignifiament'' unique. La douceur d'un rayon de soleil, de la pluie sur les mains.

Un emploi actif. Une rémunération honnête. Un travail d'ordinateur ou en plein air.

Un vent sur la peau ou un froid revigorant. Le concept sous-entend que l'on peut avoir du bonheur chaque jour et que l'on n'est pas obligé d'attendre la fin d'une corvée.

Chaque jour peut être considéré comme une petite victoire.

Le bonheur ne vient pas demain, il vient chaque jour.

Sauf si vous y tenez réellement compte. Levez la tête vous verrez peut-être quelque chose d'insignifiant.

Le bonheur est souvent considéré comme un état futur à atteindre.

Quelque chose à obtenir après avoir accompli des tâches difficiles ou surmonté des obstacles.

Cependant,

le vrai bonheur se trouve dans les moments présents et dans les petites choses de la vie que nous négligeons souvent.
Le bonheur ne devrait pas être remis à plus tard ou reporté à une date ultérieure.

C'est quelque chose qui doit être apprécié dès maintenant.

Cela signifie prendre le temps de savourer chaque instant, de trouver et mieux appréhender les choses simples de la vie. Que ce soit un sourire, une femme ou un homme à aimer selon vos préférences, un rayon de soleil ou une brise fraîche, il y a toujours quelque chose à apprécier.

Il est important de prendre conscience que chaque jour est unique et qu'il est rempli de moments précieux. Ces moments sont souvent considérés comme insignifiants, mais ils peuvent avoir un impact énorme sur notre bien-être. En appréciant ces moments, nous pouvons trouver la paix intérieure et le bonheur.

Le travail est également un domaine dans lequel bonheur peut être trouvé. Un travail satisfaisant et rémunérateur peut apporter une grande satisfaction. Même si le travail n'est pas parfait, il y a toujours des aspects à apprécier, et des opportunités de croissance personnelle.

Il est important de ne pas se concentrer sur les aspects négatifs du travail, mais plutôt de chercher les aspects positifs et d'apprécier les petites choses qui nous rendent heureux en activité.

En somme, le bonheur n'est pas quelque chose à remettre à plus tard.
Il est là, disponible chaque jour, dans les moments simples de la vie comme dans les moments difficiles.
En état de pleine conscience de ces moments et en les appréciant pleinement, nous pouvons trouver le bonheur dans notre vie quotidienne.

Ne cherchez pas le bonheur demain ou dans l'avenir, mais également dans le passé. Il est juste là, sous votre nez, attendant d'être remarqué et apprécié.

Tendez-lui la main.

                      Il saura vous embrasser.

"CHAPITRE SEPTIÈME
LA SEPTIÈME HEURE"

« LA POLITIQUE ET NOS ANIMAUX »

Point important, raconter les choses les plus banales avec nos animaux de compagnie peut se révéler futile, mais il apporte un certain réconfort.

Par exemple, dite à un chien :

Vous êtes un chien bien.

Dite à un chat :

Vous êtes un chat bien.

Chat alors.

Ils seront à l'écoute.

Vous pouvez alors raconter vos mots ici et là.

Ils vous jugeront de manière superfétatoire. Normalement, leurs poils se redresserons au son de votre discussion.

Ayons une conversation intéressante avec eux, même si cela sera futile dans un premier sens. Cet effet aura un pouvoir de vide pensée. Utile pour se détendre.

N'oubliez pas, cet effet n'est pas uniquement réservé aux animaux domestiques.

Murmurez à l'oreille d'un cheval si vous le désirez, mais ne vous faite pas avoir.

Chassez le maître étalon il reviendra vite au galop. Chasse le mètre étalon il reviendra vite à ses proportions.

Un lapin peut être un bon partenaire de politique insignifiante, donc de grande importance.

Parlez-leur calmement et vous verrez que ça se passera bien.

Le lien entre la politique et nos animaux peut sembler improbable, mais il est important de rappeler que nos animaux de compagnie peuvent nous offrir un soutien émotionnel et un réconfort dans des moments de stress.

En parlant à nos animaux, nous pouvons nous libérer l'esprit et nous permettre de nous détendre, ce qui est crucial pour la gestion du stress et de l'anxiété.

En effet, nos animaux sont des auditeurs attentifs qui ne nous jugent pas et ne nous critiquent pas.

De plus, le simple fait de communiquer avec nos animaux peut nous aider à pratiquer notre capacité de communication et de persuasion. Bien sûr, il ne s'agit pas de convaincre nos animaux de nos opinions politiques, mais de pratiquer l'art de la discussion et de l'argumentation.

Enfin, les animaux peuvent également jouer un rôle dans la sensibilisation à des problèmes de politique et de société, comme la protection des animaux, la biodiversité.

Ou encore les enjeux environnementaux. En discutant de ces sujets avec nos animaux, nous pouvons renforcer notre engagement et notre motivation à agir pour un monde meilleur.

En somme, nos animaux de compagnie peuvent jouer un rôle important dans notre bien-être émotionnel et mental, ainsi que dans notre engagement politique et social.

Il est donc important de leur accorder de l'attention et de les considérer comme des partenaires précieux dans notre vie quotidienne.

* La politique de l'œuf

En politique, comme dans de nombreux autres domaines, l'apparence peut souvent l'emporter sur le contenu. Il peut être plus vendeur de proposer un programme qui a une belle forme et qui est facilement compréhensible, même s'il n'est pas aussi développé que d'autres programmes plus pertinents. C'est pourquoi de nombreux politiciens sont tentés de mettre en avant des slogans accrocheurs et des promesses simplistes, plutôt que de se concentrer sur les détails de leur programme.

Cela peut être comparé à la manière dont les œufs sont souvent vendus. Un œuf avec une coquille parfaitement lisse et sans aucune imperfection peut sembler plus attractif qu'un œuf qui a une coquille un peu abîmée ou qui n'a pas une forme parfaitement symétrique. Cependant, l'apparence ne reflète pas nécessairement la qualité de l'œuf à l'intérieur.

De toute évidence pour jouer au coq, il faut éviter les coquilles dans ce que l'on vend.

Écouter des musiques positives est indispensable pour passer une journée insignifiante et inoubliable et extrêmement appréciable.

Écouter des ondes positives, de la musique agréable. Une tout autre manière d'écouter et de penser. Cependant, une musique a un début et une fin.

Pour apprécier la stéréo positivité, il faut également des moments de calme.

Un calme positif.

Vous pouvez de plus évacuer vos couleurs en les exprimant en chantant.

Il s'agit d'un label qualifiant la qualité d'une musique d'un son diffusé.

Le concept de "stéréo positif" se réfère à la qualité d'une musique ou d'un son diffusé qui a un impact positif sur notre état d'esprit et notre bien-être général.

En écoutant des musiques positives et agréables, nous pouvons élever notre humeur, notre énergie et notre motivation, nous aidant à passer une journée plus agréable et plus productive.

Mais la stéréo positivité ne se limite pas seulement à écouter de la musique.

Il s'agit également de trouver des moments de calme et de silence dans notre vie pour apprécier pleinement les moments de musique positive.

Ces moments de calme peuvent être très bénéfiques pour notre santé mentale et notre bien-être, en nous permettant de nous ressourcer et de nous détendre.

En outre, la stéréo positivité peut également être utilisée comme un outil de libération émotionnelle.

En exprimant nos émotions à travers la musique, en chantant ou en jouant d'un instrument, nous pouvons évacuer les tensions et les frustrations que nous pouvons ressentir.

Nous permettant ainsi de nous sentir plus légers et plus détendus.

En somme, le concept de "stéréo positif" est une approche positive pour améliorer notre bien-être général. En écoutant des musiques positives, en trouvant des moments de calme et en exprimant nos émotions à travers la musique.

Nous pouvons créer une atmosphère positive et énergisante autour de nous, nous aidant à vivre une vie plus épanouissante et plus heureuse.

À l'inverse le concept de "stéréo négatif" se réfère à la qualité d'une musique ou d'un son diffusé qui a un impact négatif sur notre état d'esprit et notre bien-être général.

En écoutant des musiques négatives, sombres ou agressives, nous pouvons baisser notre humeur, notre énergie et notre motivation, nous aidant à passer une journée plus difficile et moins productive.

En outre, le concept de "stéréo négatif" peut également être lié à des comportements négatifs.

Tels que l'écoute de musiques tristes ou violentes pour renforcer des sentiments de colère ou de désespoir.

Ou encore pour renforcer une image de soi négative.

Cependant, il est important de noter que le concept de "stéréo négatif" n'est pas nécessairement une chose à éviter complètement.

Il peut y avoir des moments où l'on se sent attiré par des musiques ou des sons plus sombres, pour exprimer des émotions négatives ou pour se confronter à des sentiments difficiles.

Dans ces moments-là, l'écoute de ces musiques peut être utile pour nous aider à traiter ces émotions et à les comprendre. Cependant, il est important de garder à l'esprit que l'écoute excessive de musiques négatives peut avoir un impact négatif sur notre santé mentale et notre bien-être général.

Il est donc important de trouver un équilibre entre les moments où nous écoutons des musiques plus sombres et les moments où nous nous concentrons sur des musiques positives et énergisantes pour maintenir un état d'esprit positif et sain.

En somme, le concept de "stéréo négatif" est une approche à éviter dans la mesure du possible pour maintenir une attitude positive et saine, mais il peut être utilisé de manière constructive pour exprimer des émotions difficiles ou pour se confronter à des sentiments négatifs.

Une célèbre chanteuse dirait alors d'adopter une « positive attitude ».

Nietzsche dirait :
« Sans la musique, la vie serait une erreur ».

Je dirais :
« Sans la musique, la vie serait une fausse note ».

Note à Bene en une diction (une béné-diction) :

L'intérêt d'écouter de la musique discrètement en solitaire est que cela peut être un moyen efficace de se détendre, de se ressourcer et de se concentrer.

En écoutant de la musique seul, on peut se perdre dans le son et se déconnecter du monde extérieur, ce qui peut être particulièrement utile pour se concentrer sur une tâche, pour se relaxer ou pour méditer.

Écouter de la musique en solitaire peut également être une occasion de découvrir de nouveaux artistes, de nouveaux genres ou de nouvelles chansons, sans avoir à se soucier de diverses opinions. Attention à ne pas s'isoler.

En revanche, l'intérêt d'écouter de la musique de manière partagée est que cela peut être une expérience sociale et émotionnelle et surtout enrichissante. Écouter de la musique avec des amis, en famille ou en couple, peut créer une ambiance de partage, de détente et de convivialité.

Cela peut également renforcer les liens entre les personnes et être l'occasion de découvrir de nouveaux goûts musicaux.

En outre, écouter de la musique de manière partagée peut également être une occasion de participer à des événements musicaux tels que des concerts, des festivals ou des soirées dansantes.

Ces événements peuvent être très énergisants et peuvent créer une expérience collective qui transcende les barrières sociales et culturelles. En somme, l'intérêt d'écouter de la musique discrètement en solitaire est de se détendre, de se concentrer et de découvrir de nouveaux artistes.

Tandis que l'intérêt d'écouter de la musique de manière partagée est de créer des liens sociaux.

À participer à des événements musicaux et de découvrir de nouveaux goûts musicaux ensemble.

Ce chapitre sonne un petit peu comme ''un air de famille''

''CHAPITRE NEUVIÈME
L' HEURE NEUVE''

« MAINS PLEINES DE DOIGTS

PIEDS SUR PLAINE TU DOIS »

Une conversation avec un être aimé lors d'un voyage, c'est important. Qu'il soit symbolique ou non.

N'oubliez pas qu'à l'origine l'expression

« mains pleines de doigts ».

Désigne les personnes maladroites. Faite donc alors preuve de dextérité. Façonne ton avenir comme tu l'entends, en respectant le bonheur des gens.

L'idée derrière ce chapitre

"Mains pleines de doigts
Pieds sur plaine tu dois"

est avant tout une invitation aux lecteurs et lectrices à se connecter avec ses capacités manuelles et physiques pour accomplir des choses dans la vie.

Les mains symbolisent la créativité, la dextérité, l'expression et la réalisation de projets.

Les doigts représentent les détails qui rendent notre travail unique et personnel. Ainsi, avoir des mains pleines de doigts signifie être capable de travailler avec minutie, précision et passion.

D'un autre côté, le pied sur la plaine évoque la marche, l'avancée dans la vie, l'exploration et la découverte de nouveau challenges et de s'ouvrir vers de nouveaux horizons.

Les pieds symbolisent la liberté, l'indépendance, la force et potentiellement la stabilité.

En mettant l'accent sur l'importance de nos mains et de nos pieds, ce concept nous encourage à agir en fonction de nos idées. Réaliser nos projets et à avancer dans la vie avec détermination et confiance.

Le concept souligne également l'importance de prendre du temps pour soi. De marcher et de se ressourcer.

Cela permet de prendre du recul, de réfléchir à nos choix et de trouver l'inspiration pour avancer.

Enfin, l'expression

"mains pleines de doigts"

est un rappel que même si nous sommes maladroits au départ, nous pouvons développer nos compétences et devenir meilleurs avec de la pratique et de la persévérance.

En fin de compte, le message est de façonner notre avenir selon nos propres termes.

Tout en respectant le bonheur des autres.

"CHAPITRE DIXIÈME
LA DIXIÈME HEURE"

« IL VAUT MIEUX AVOIR LA TÊTE DANS LA LUNE QUE SIX PIEDS SOUS TERRE, MAIS L'ENTRE-DEUX EST QUAND MEME SYMPATHIQUE »

Avoir la tête dans la lune est souvent associé à la rêverie, à l'imagination, à l'évasion de la réalité.

C'est un état qui peut être agréable et bénéfique pour notre bien-être mental.

Cependant, il est important de ne pas rester trop longtemps dans cet état, car cela peut nous éloigner de nos responsabilités et de la réalité de la vie.

D'un autre côté, être six pieds sous terre est une expression qui symbolise la mort.

C'est un état final et définitif, où il n'y a plus de retour possible.

Cette expression nous rappelle que la vie est éphémère et qu'il est important de profiter de chaque instant.

Mais qu'en est-il de l'entre-deux ? C'est-à-dire, le fait de se situer entre avoir la tête dans la lune et être six pieds sous terre.

Cet entre-deux peut être vu comme une zone grise, la couleur la plus neutre, mais elle peut également être considérée comme une zone de confort et un retour à la réalité avec nos proches, où nous sommes en mesure de gérer à la fois nos rêves et nos responsabilités.

Dans cette zone de confort, nous avons la liberté de rêver, de nous échapper de la réalité, tout en gardant les pieds sur terre. Nous pouvons réaliser nos objectifs, tout en étant conscients de l'importance de chaque instant et de chaque personne dans notre vie.

Avoir "les pieds sur terre" signifie être réaliste et conscient de la réalité qui nous entoure, tandis que "la tête dans la lune" fait référence à l'imaginaire et au rêve.

L'entre-deux, quant à lui, représente un équilibre entre ces deux extrêmes.

Être connecté à son entourage signifie être en mesure de comprendre et d'interagir avec les autres, ainsi que de saisir les réalités sociales et culturelles qui nous entourent.

Cela nécessite un certain niveau de pragmatisme et de réalisme, mais cela ne doit pas se faire au détriment de notre capacité à rêver et à imaginer.

En somme, l'expression suggère que la vie est un équilibre entre réalisme et imagination, et que trouver cet équilibre est essentiel pour être en connexion avec soi-même et avec les autres. Le fait de ne pas être complètement "ailleurs" ni dans « les nuages » pour avoir une approche spirituelle et complètement en lien avec "six pieds sous terre" qui est une approche concrète de la mort et d'arriver à un terme. Ce n'est pas un objectif à viser ».

Même si le terme « signer un arrêt de mort » signifie généralement prendre une décision ou une action qui conduira inévitablement à la fin de quelque chose ou de quelqu'un. Cela peut se référer à une entreprise, une relation, un projet, une idée ou même une personne.

En signant un arrêt de mort, on scelle le sort de la chose ou de la personne concernée, en la condamnant à une fin inévitable. Cette expression est souvent utilisée pour décrire une décision ou une action qui entraîne des conséquences irréversibles et graves.

Cependant, en analysant bien l'expression selon ce qui a déjà été dit et en prenant bien en compte les détails de l'expression et en la passant à la moulinette de l'insignifiant

« Signer un arrêt de mort »

Devient alors

« Commencer une nouvelle vie »

C'est un concept qui ne met pas tout le monde d'accord, à savoir que chaque fin est le début d'une nouvelle aventure, Il est alors possible dans ce cas de considérer que "signer un arrêt de mort" peut également signifier "commencer une nouvelle vie".

Cela renforce cette idée que la signification qu'une expression peut être modifiée par la perspective ou la façon dont on la considère.

Ainsi, "signer un arrêt de mort" peut être vu comme un acte de transition, qui permet de passer à une nouvelle phase de la vie, avec de nouvelles opportunités et de nouveaux défis à relever.

Nous pouvons également détourner d'autres expressions.

Nous avons :

« L'enfer est pavé de bonnes intentions »

« Hell » peut avoir plusieurs significations

Le sens originel étant que même si une personne a l'intention d'accomplir quelque chose de bien, elle peut encore causer des conséquences imprévues ou indésirables.

En d'autres termes,

C'est un avertissement sur le fait que les bonnes intentions ne garantissent pas toujours les résultats escomptés et qu'il est important de prendre en compte les conséquences de nos actions.

Un autre sens plus philosophique pourrait nous rappeler que c'est parfois en rencontrant des difficultés dans la vie que l'on peut commencer à y voir plus clair dans nos futurs à venir.

La locution de Sartre disant que :

"L'enfer c'est les autres"

est fausse, du moins elle n'est pas complète, elle devrait être en réalité en trois parties :

« L'enfer c'est les autres.

On veut juste jouer sur terre.

Ils feront tout pour nous emmener aux paradis. »

Inferno - Purgatorio - Paradiso
La divine comédie de Dante

C'est ma définition, qui prend en compte les deux autres visons, à ne pas prendre aux premiers degrés. C'est une astuce. La tête dans la lune pour le paradis. Six pieds sous terres pour l'enfer. L'entre-deux pour la terre.

Les terres nouvelles.

Terra Nova.

En somme avoir la tête dans la lune et être six pieds sous terre sont deux extrêmes qui peuvent nous aider à comprendre l'importance de trouver un équilibre dans la vie.

L'entre-deux peut être vu comme un lieu de rencontre entre ces deux extrêmes, où nous pouvons explorer notre créativité et nos rêves tout en restant connectés à la réalité.

En fin de compte, il est important de trouver notre propre équilibre dans la vie, où nous pouvons nous permettre de rêver tout en agissant de manière responsable, réfléchie et consciente.

C'est-à-dire faire preuve de lucidité pour être dans la sagacité.

Réfléchir pour mieux agir.

Agir pour mieux réfléchir.

Think, before think different.

Un conseil que je peux vous donner, et qui est une bonne réflexion pour ne pas naviguer en eaux troubles, n'oublions pas qu'il faut :

« Avoir les yeux rivés sur la lune ».

Cependant, ce qu'il faut éviter c'est :

« Avoir la tête dans la lune ».

Car dans ses conditions, même si vous êtes touchant et attachant, tout en étant conscient, on risque de vous dire :

« Vous êtes on comme la lune ».

Donc :

« Gardez les pieds sur terres ».

Rien ne vous empêchera de continuer de rêver. Néanmoins, pensez à :

« Avoir un pied sur l'eau »

Cela pourra vous aider à gouverner si vous naviguez. Un gouvernail, une boussole, une carte.

Pensez à avoir un cap pour vous guider, ça peut aider.

Ne vous a-t-on jamais demandé ?

Mais pourquoi vous portez une boucle d'oreille, pourquoi vous maquillez vous, c'est quoi ce bijou ?

Quelle est cette bague que vous portez à l'annuaire de votre main gauche ?
C'est quoi ce tatouage ?

Pouvez-vous m'en dire plus ?

Si l'on creuse dans son enfance, on ne porte peu d'importance, du moins on se pose des questions préoccupantes.

Si on s'y intéresse un peu plus de près ou de loin, on se rappelle que les détails sont super futiles.

Mais ils rappellent bien une chose chouette.

Une valeur ajoutée. Insignifiante pour différentes cultures, un rappel pour d'autres.

Ce n'est pas forcément nécessaire de les porter. Mais ça peut rassurer.

C'est pour ça que les gris-gris et les porte-bonheurs existent.
Le concept du "sens du détail" met en avant l'importance que peuvent avoir les petits éléments dans notre vie quotidienne.
Sans oublier d'être en activité. Il suggère que même les choses les plus insignifiantes peuvent avoir une signification et une valeur ajoutée pour nous ou pour les autres.

Les détails peuvent être des accessoires de mode, des gestes, des paroles, des habitudes, etc.

Le port d'une boucle d'oreille, par exemple, peut être un choix esthétique personnel ou un signe d'appartenance à une communauté.
Le maquillage peut être utilisé pour se mettre en valeur ou pour exprimer sa personnalité.
La bague d'alliance peut symboliser l'engagement envers une autre personne ou une union sacrée.

Le concept suggère également que ces détails peuvent être des indices qui nous permettent de mieux comprendre les personnes qui nous entourent.

En posant des questions sur ces détails, nous pouvons en apprendre davantage sur les goûts, les préférences, les valeurs et les croyances des autres.

Cela peut contribuer à renforcer les liens sociaux et à développer une meilleure compréhension mutuelle.

En fin de compte, le "sens du détail" invite à prêter attention aux petites choses de la vie et à les apprécier pour ce qu'elles sont. Même si elles peuvent sembler insignifiantes, elles peuvent ajouter de la couleur, de la texture et de la profondeur à notre existence.

« Une particule pour un particulier, c'est ça le sens du détail »

Restez authentique malgré tout.

Les difficultés de la vie sont inévitables, mais elles sont également nécessaires pour nous permettre de mieux apprécier les moments de bonheur.

Les épreuves que nous rencontrons tout au long de notre vie peuvent nous sembler insurmontables, mais elles nous permettent également de développer notre résilience et notre capacité à faire face à l'adversité.

Lorsque nous avons traversé des moments difficiles et que nous avons réussi à les surmonter,

nous avons souvent une perspective différente sur la vie.

Nous apprenons à apprécier les moments de bonheur, même les plus petits, car nous savons à quel point ils sont précieux et éphémères.

Nous réalisons également que les épreuves que nous avons traversées ont contribué à notre développement personnel et nous ont rendus plus forts. Les moments difficiles peuvent être une source d'inspiration et de motivation.

Ils peuvent nous pousser à nous surpasser et à aller au-delà de nos limites pour atteindre nos objectifs. Ils peuvent également nous aider à identifier nos valeurs et à clarifier nos priorités dans la vie.

Cependant,

il est important de ne pas rester coincé dans les moments difficiles. Nous devons nous rappeler que les épreuves de la vie sont temporaires et qu'elles ne définissent pas qui nous sommes.

Il est important de prendre le temps de guérir, de se rétablir et de se recentrer sur ce qui est important pour nous.

En fin de compte, le concept de poser notre pierre sur ''les chemins noirs'' (qui est en lien avec le livre du même nom) et là pour nous aider à y voir plus clair.

Cela nous rappelle bien que la vie est parfois cruelle et qu'un voyage comporte des hauts et des bas.

« C'est comme ça que l'on peut commencer à monter nos marches établies, trouver nos marques, et prendre de la hauteur. »

Les moments difficiles peuvent nous sembler sombres et interminables, mais ils peuvent également nous aider à apprécier les moments de bonheur et à nous développer en tant qu'individus.

Il est important de continuer à avancer, même lorsque nous sommes confrontés à des obstacles, et de garder l'espoir que des jours meilleurs sont à venir.

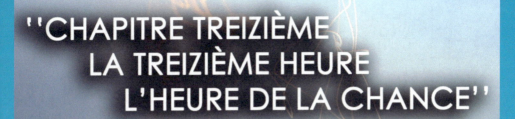

"CHAPITRE TREIZIÈME
LA TREIZIÈME HEURE
L'HEURE DE LA CHANCE"

+ IL Y A DE L'ÉLECTRICITÉ DANS L'AIR –

« UN ÉCLAIR VERS LE PASSÉ,
UNE ETINCELLE VERS L'AVENIR »

Ces deux techniques narratives, issues de la littérature et du cinéma peuvent être un reflet pour mieux comprendre notre propre vie. En effet, en se rappelant des moments importants de notre passé et en analysant les choix que nous avons faits, nous observons les conséquences obtenues découlant de nos actes, nous pouvons mieux comprendre le présent et faire des choix plus éclairés pour notre futur.

En se projetant dans l'avenir.

En imaginant ce que nous voulons accomplir et en prenant en compte nos choix passés,

nous pouvons mieux comprendre le présent et agir de manière plus intentionnelle pour atteindre nos objectifs.

Se focaliser, ou vivre dans l'optique du concept en analysant et en faisant un point sur la recette :

"Un éclair vers le passé une étincelle vers l'avenir".

On trouve toute sa pertinence dans des structures narratives comme les "flashbacks" et les "flashforwards".

Cela nous rappelle que ce sont des techniques narratives couramment utilisées dans la littérature et le cinéma pour illustrer l'importance du passé et de l'avenir dans la construction de nos vies.

Le "flashback" est un retour en arrière qui permet de découvrir des événements antérieurs qui ont eu un impact sur la vie des personnages. Il peut s'agir d'un souvenir. D'une anecdote,

d'un moment clé qui a marqué leur vie.

Le "flashback" permet donc de mieux comprendre le présent en explorant le passé.

En remontant aux sources des émotions et des actions vécues.

Le "flashforward", quant à lui, est un saut dans le temps qui permet de découvrir des événements futurs qui auront un impact sur la vie des personnages. Il peut s'agir d'un rêve, d'une vision, d'une anticipation, d'un projet qui se dessine. Dans certain cas, une illusion.

Le "flashforward" permet donc de mieux comprendre le présent en explorant les perspectives des personnages.
En se projetant dans leur futur et en imaginant les conséquences de leurs actions présentes.

Ainsi,

"Un flash vers le passé,
une étincelle vers l'avenir"

est une invitation à utiliser les techniques narratives de "flashbacks" et de "flashforwards" pour mieux intégrer un futur choix potentiel.

Mieux se souvenir et apprécier les moments apparemment insignifiants, et prendre des décisions plus éclairées pour notre futur.

Une énergie palpable entre deux personnes ou deux entités. Cette tension peut être positive ou négative, et peut être le résultat d'une situation avec laquelle l'on peut gagner ou perdre.

Dans un contexte où l'on peut être gagnant-gagnant, il est important de reconnaître que tout n'est pas forcément facile ou simple, même si l'on est en train de gagner.

Par exemple, dans une négociation commerciale où les deux parties trouvent un accord satisfaisant, il peut y avoir des compromis à faire, des concessions à accorder et des sacrifices à faire. Mais malgré cela, l'issue de la négociation est positive pour les deux parties, ce qui crée une énergie positive entre elles.

De même, dans une situation de perdant-perdant, il est important de prendre des leçons de nos échecs, de chercher à comprendre ce qui n'a pas fonctionné, afin de pouvoir éviter de répéter les mêmes erreurs à l'avenir.

Cela peut également créer une énergie positive à long terme, en nous permettant de grandir et de nous améliorer en tant que personne.

Le concept de gagnant-perdant ou perdant-gagnant est également important. Dans ces situations, il y a souvent une tension entre les deux parties, car il y a un vainqueur et un perdant. Cependant, ces échanges peuvent être très enrichissants, comme ils nous obligent à repousser nos limites, à apprendre de nouvelles choses et à sortir de notre zone de confort.

En fin de compte, ces échanges peuvent également créer une énergie positive, car ils nous permettent de nous développer en tant que personne.

En utilisant une métaphore électrique, on peut dire que ces échanges créent du courant électrique. Cependant, il est important de ne pas laisser cette énergie devenir trop « forte », car cela peut causer un coup de foudre.

Vu soit comme une rupture brutale avec son correspondant.

Ou alors le début d'une alchimie à la limite de l'amour. « Un véritable coup de foudre »
Ni un flash vers le passé, ni une étincelle vers l'avenir. Mais un véritable coup de tonnerre.

« Même si une idée peut être un éclair de génie, il faut s'attendre à entendre le son du tonnerre. »

Mais rappelez-vous que

« La lumière se propage plus rapidement que le bruit. »

Ainsi le pouvoir de l'insignifiant rappellerait que :

« Le son du tonnerre, c'est avant tout beaucoup de bruit pour rien »

En d'autres termes, il est important de maintenir un équilibre entre la tension et la détente, afin de ne pas causer de dommages ou de briser la relation.

Dans un processus de WIN - WIN

On peut être Gagnant Gagnant.

Mais avoir conscience que tout n'est pas forcément rose.

On peut être Perdant Perdant,

mais prendre leçon de nos échecs.

Gagnant et Perdant
Perdant et Gagnant

Ce sont les échanges les plus grisants et stimulants, on apprend ou l'on fait apprendre. C'est avec cela que l'on crée du courant électrique entre deux personnes.

Mais pas trop pour pas que ce soit le coup de foudre, entre nous.

Donc en réfléchissant,
vraiment bien.

De manière structuré ;

On obtient donc :

+	et	+	ça m'est	=	donc à +
-	et	-	ça m'est	=	donc à +
-	et	+	ça m'est	=	à du courant continue.
+	et	-	ça m'est	=	à un courant alternatif.

« À ''moins'' qu'à ce stade,
Je ne sache vraiment ''plus'' de quoi je parle »

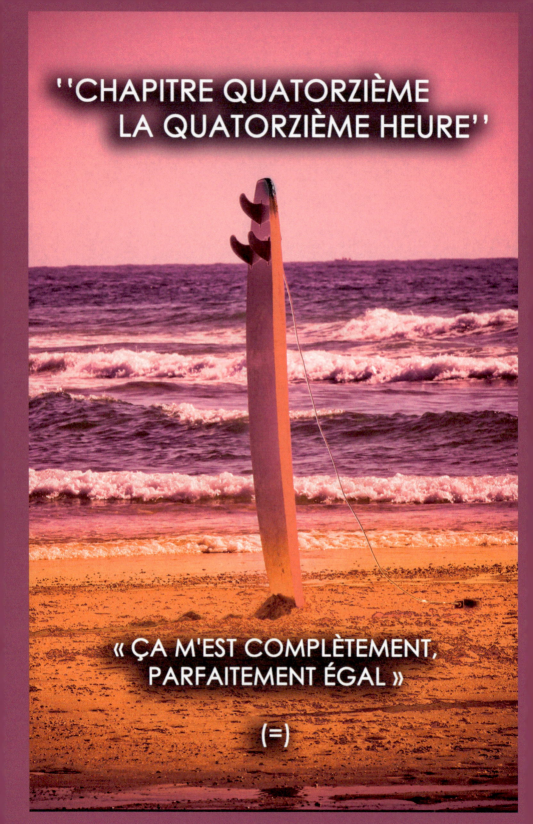

Le concept de "ça m'est complètement, parfaitement égal" invite le lecteur à adopter une attitude de détachement vis-à-vis de ces préoccupations inutiles.

Cela ne signifie pas que nous devons abandonner nos aspirations ou notre ambition,

mais plutôt que nous devons apprendre à relativiser et à prendre du recul par rapport aux choses qui ne méritent pas notre attention ou notre énergie.

En pratiquant cette attitude de détachement, nous pouvons libérer notre esprit de la pression inutile et de la négativité, et nous concentrer sur les choses qui sont vraiment importantes pour nous.

Nous pouvons apprendre à apprécier les petits plaisirs de la vie, à nous entourer de personnes positives et bienveillantes, à prendre soin de nous-mêmes et de nos proches, à vivre dans l'instant présent avec une curiosité et une gratitude distinguée.

En somme, le concept de :

"ça m'est complètement, parfaitement égal"

nous invite à embrasser l'insignifiant, à trouver la beauté et la signification dans chaque moment de notre vie,

à vivre avec une certaine légèreté et une sérénité mentale.

En adoptant cette attitude, nous pouvons trouver la paix intérieure et l'épanouissement personnel, et nous libérer de l'emprise de la pression sociale, de la comparaison et de la critique.

C'est également un autre principe, reconnaître que chaque individu est unique et que, par conséquent, il mérite d'être traité avec respect et dignité, quelles que soient ses origines, son apparence, sa religion, son orientation sexuelle ou toute autre caractéristique qui le rend différent.

Cela signifie que nous devons être capables d'accepter les différences et de traiter tout le monde comme notre égal, sans jugement ni discrimination.

Nous devons être conscients que chaque personne a des besoins, des désirs et des aspirations qui leur sont propres, et que ces différences ne doivent pas être considérées comme des obstacles à notre capacité à interagir et à coexister harmonieusement.

Cependant, il est important de rappeler que traiter les autres comme notre égal ne signifie pas que nous devons accepter toutes les opinions et comportements.

Le concept "Ça m'est complètement, parfaitement égal" peut être également interprété de différentes manières en fonction du contexte. En rappelant l'existence de hiérarchies dans le secteur public et privé, ce concept peut être compris comme une attitude face aux différences de statut social ou professionnel.

Dans un contexte hiérarchique, il est important de respecter les règles et les normes qui régissent les relations professionnelles, quelle que soit sa position dans la hiérarchie.

Toutefois, cela ne signifie pas que les différences de statut doivent être ignorées ou minimisées.

En effet, il est important de reconnaître que les personnes occupant des postes à responsabilité ont souvent des obligations et des attentes différentes de celles qui occupent des postes moins élevés dans la hiérarchie.

Il est donc important de respecter ces différences et de faire preuve de courtoisie et de professionnalisme dans les relations interpersonnelles.

Cependant, le concept "ça m'est complètement, parfaitement égal" peut également être interprété comme un appel à ne pas se laisser impressionner ou intimider par les différences de statut.

Il est important de se rappeler que chaque individu, quel que soit son statut, est un être humain avec des besoins, des désirs et des aspirations. C'est du savoir-vivre.

Dans une fonction publique, cela peut être encore interprété différemment.
Les hiérarchies existent, mais rappeler quelques fondamentaux civiques est parfois nécessaire.

Prenons un exemple concret, pour voir certaines subtilités de règles établies qui peuvent être légitimement posées :

Comment faut-il nommer la personne qui est chef de l'État.

Par exemple « M. le président » est la formule la plus courante, et celle qui est la plus établie.

Appeler le chef de l'État par son nom est à double tranchant : soit il accepte et apprécie, soit il rappelle la différence de statut.
C'est complexe et risqué, donc il faut être vigilant.

Cependant, s'il n'accepte vraiment pas et que vous êtes en France, vous pouvez lui rétorquer :

« Je suis LIBRE de vous appeler par votre nom.

Cela veut dire que je vous considère comme mon ÉGAL.

C'est dans une volonté d'être FRATERNEL. »

S'il ne veut rien entendre vous pouvez sans doute continuer de l'appeler par son nom.

S'il accepte et rappelle qu'il y a une certaine hiérarchie et répond d'un ton fraternel, remerciez-le, vous pouvez l'appeler M. le président.

Il est alors digne d'être président.
S'il accepte sans rien demander en retour, c'est un témoignage de respect.
Cependant je vous déconseille d'essayer ce cas unique.

Il est important de se rappeler que le chef de l'État est une figure d'autorité et de respect, et que l'utilisation de son nom peut être considérée comme une formule impolie ou irrespectueuse.

C'est juste un moyen indicatif pour développer le concept d'être complètement égal aux autres, avec un exemple volontairement « signifiant » pour le coup.

*Enfin, les mathématiques peuvent être un outil utile pour structurer la pensée dans ces situations.

En utilisant des modèles mathématiques, nous pouvons mieux comprendre les dynamiques en jeu.

Les enjeux, et trouver des solutions efficaces qui profitent à toutes les parties concernées.

Cela peut également aider à réduire la tension et à créer une énergie positive dans nos relations.

Juste ne soyez pas trop calculateur, vous pourriez le regretter.

Ne vous faites pas des amis en "moins" au bout du compte.

*Couramment soutenu :

On encouragera toujours quelqu'un qui essaye de rendre la vie plus agréable.
Il m'est arrivé plusieurs fois dans ma vie de me retrouver en face d'une cause noble, agrémenter la langue française en développant de nouvelles expressions françaises, qui ont un sens et peut-être utiles dans notre vie de tous les jours.
Généralement, ses changements doivent être compréhensibles rapidement, et agréables à porter.

Comme un bon sac que l'on a envie de porter quand on est, soit en voyage d'affaires, soit en vacances, soit en excursion.

Un bagage que l'on a envie de porter, sur le long terme, pas lourd et qui peut servir pour des générations à venir.

Un bagage que l'on a envie d'emmener avec nous, et que l'on met au fond de son sac comme un bon livre.

*Au-fond-de-sac

En France, il existe une célèbre expression pour désigner un chemin sans-issue , il s'agit de l'expression familière ''cul-de-sac'' qui est illustre et reconnue, rassurante sur ce point. Elle est d'origine agricole et désigne l'arrivée de la fin du sac. Quand on voit une impasse au loin, on arrive et on peut distinguer l'arrière du sac, et donc distinguer son ''cul'' d'où l'expression ''cul-de-sac''.

Avoir du courage, c'est aller directement s'adresser au gouvernement, ou à son représentant, avec la technologie actuelle si les moyens physiques nous empêchent de s'adresser directement, on peut directement s'exprimer sur les réseaux sociaux de manière intelligible et respectueuse, le bon sens ou les bonnes manières.

Sinon, on peut s'adresser directement à l'autorité compétente, c'est-à-dire l'académie française. Une boîte mail est dédiée à ce sujet. Sinon, on peut y aller en présentielle.

Attendez la suite :

Pour donner de la complémentarité à notre langue française, mais également donner un sens soutenu à cette expression et pour remplir ma fin de journée. J'ai décidé de contacter le gouvernement à ce sujet et je me suis également rendu le soir à l'académie française pour expliquer mon point de vue sur le sujet, je n'ai pas pu rentrer dans leurs locaux, mais je suis tombé sur des gardiens des lieux à l'accueil.

Les gardiens ont trouvé ça surprenant, mais comme je leur ai expliqué la situation calmement et clairement, dans un bon état d'esprit, ils m'ont confirmé oralement que ça avait du sens de dire plutôt se retrouver dans un ''fond-de-sac'' quand on est bloqué, plutôt que dans un ''cul-de-sac''. Les deux sont utilisables. Bien évidemment, les gardiens ne pouvaient pas m'aider.

On a compris que la situation n'irait pas plus loin et qu'on avait fait le tour du sujet. J'ai conclu que nous nous retrouvions donc ''dans une impasse'' le détachement lucide peut permettre de faire extraction des règles établies, pour en créer de nouvelles, par fois pour le meilleur et pas nécessairement pour le pire. N'oublions pas que des vieilles règles établies peuvent nous aider à nous retrouver plus facilement. Vieux jeu ne veut pas forcément dire obsolète.

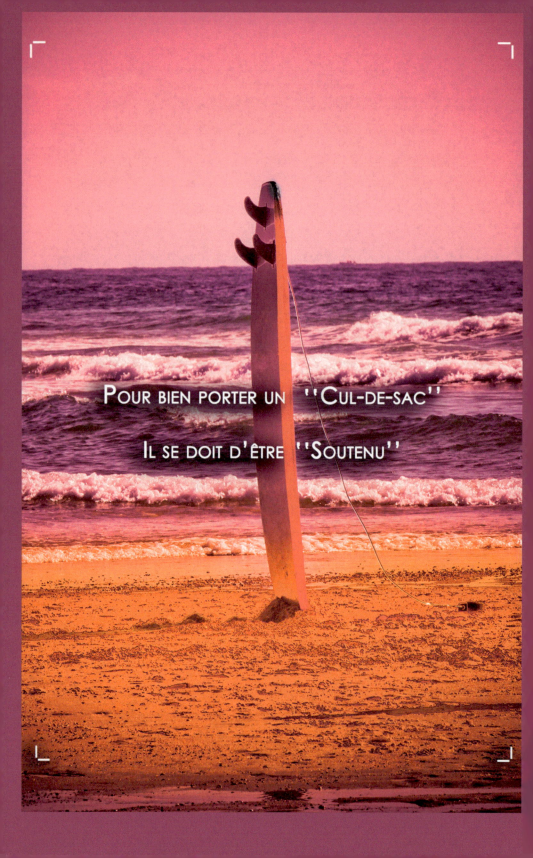

"CHAPITRE QUINZIÈME
LA QUINZIÈME HEURE"

« DIRE LES NON-DITS
MEME SI C'EST DANS UN LIEU-DIT »

Le concept de :

"dire les non-dits même si c'est dans un lieu-dit"

signifie qu'il est important de s'exprimer et de communiquer ses pensées et ses sentiments, même si cela peut sembler difficile ou délicat à aborder.

Cela est particulièrement important dans des situations dans lesquelles les non-dits peuvent causer des problèmes et des malentendus.

Dans le contexte de ce livre, cela peut être appliqué dans diverses situations, comme dans les relations interpersonnelles ou professionnelles.

Par exemple, si un employé est mécontent de son travail, mais n'ose pas en parler à son employeur, cela peut causer des problèmes de performance ou de moral au travail.

De même, dans les relations amoureuses, les non-dits peuvent conduire à des malentendus et à des frustrations.

Le concept de "lieu-dit" souligne également que cela peut être difficile de trouver le bon moment ou le bon endroit pour aborder des sujets délicats.

Cependant, cela ne doit pas empêcher la communication de se produire.

Il est important de trouver un moment et un lieu approprié pour avoir d'importantes discussions constructives.

En résumé, "dire les non-dits - même si c'est dans un lieu-dit" encourage à être honnête et transparent dans sa communication, même si cela peut sembler difficile ou inconfortable.

Cela peut aider à éviter des problèmes et des malentendus, et à établir des relations plus saines et plus solides.

"CHAPITRE SEIZIÈME
LA SEIZIÈME HEURE"

« ON N'EST PAS DANS LA MERDE »

Le concept de

"On n'est pas dans la merde"

est un jeu de mots entre l'expression et la forme littérale.

Ce chapitre repose en effet sur un jeu de mots entre l'expression courante "être dans la merde", qui signifie être dans une situation difficile, et la forme littérale de cette expression, c'est-à-dire le fait d'être physiquement dedans. Sentir que le bon vent n'est pas avec nous.

Ce jeu de mots est utilisé pour souligner que, même dans les situations les plus difficiles, il y a toujours de l'espoir et des solutions possibles.

En effet, même si on peut avoir l'impression d'être littéralement "dans la merde", il est toujours possible de trouver un moyen de s'en sortir.

Ce concept invite donc à adopter une attitude positive face aux difficultés, en cherchant des solutions plutôt qu'en se laissant abattre.

Il est important de souligner que ce concept ne vise pas à minimiser les problèmes ou les difficultés que l'on peut rencontrer dans la vie, mais plutôt à encourager une attitude pro-active et constructive face à ces problèmes.

En gardant à l'esprit que

"on n'est pas dans la merde"

tant qu'il y a de l'espoir et des solutions possibles, on peut se motiver pour chercher ces solutions et avancer dans la vie.

C'est une façon de rappeler que même dans les moments les plus difficiles et les plus sombres, il y a toujours de l'espoir.

C'est un rappel que chaque situation peut être abordée de manière positive et constructive, même si elle semble impossible à surmonter à première vue.

Il est important de comprendre que la vie est faite de hauts et de bas, et que chaque épreuve peut être une occasion d'apprendre et de grandir.

Les moments difficiles peuvent être l'occasion de réfléchir sur soi-même, de découvrir sa force intérieure et de trouver de nouvelles façons de voir les choses.

L'expression

"on n'est pas dans la merde"

implique également que chaque situation a une solution, même si elle n'est pas évidente au départ. En gardant une attitude positive et en cherchant des solutions, nous pouvons surmonter les défis qui se présentent à nous.

L'expression : "On ne naît pas forcément dans la merde" est une façon figurative de dire que l'on naît pas nécessairement dans des conditions difficiles ou désavantageuses. Elle peut être utilisée pour décrire une situation dans laquelle quelqu'un commence sa vie avec de nombreux obstacles ou problèmes. Sur le plan littéral, lorsqu'un bébé naît, il est généralement entouré de soins et de protection pour assurer son bien-être.

Cependant, il est vrai que certaines personnes peuvent naître dans des circonstances défavorables, telles que la pauvreté, la violence, l'instabilité familiale, ou d'autres situations qui peuvent rendre leur vie plus difficile dès le départ. Il est important de reconnaître que même si certaines personnes naissent dans des conditions difficiles, cela ne détermine pas leur destinée.

Les individus ont la capacité de surmonter les obstacles et de créer une vie meilleure pour eux-mêmes, que ce soit grâce à leurs propres efforts ou avec l'aide et le soutien de leur entourage ou de ressources externes. Il est essentiel de rappeler que chaque personne est unique et a le potentiel de façonner sa propre vie, quelle que soit la situation de départ.

Il est normal de se sentir parfois dépassé ou confronté à des difficultés dans la vie. La vie peut être complexe et imprévisible, et il arrive que nous nous retrouvions dans des situations difficiles.

Cependant, il est important de garder à l'esprit que chaque situation peut être surmontée avec le temps, la persévérance et l'aide appropriée. Il est également essentiel de se rappeler qu'il y a souvent des ressources et des soutiens disponibles pour nous aider à faire face aux défis auxquels nous sommes confrontés. Si vous êtes actuellement aux prises avec des difficultés, il peut être utile de rechercher du soutien auprès de personnes de confiance, comme des amis, de la famille ou des professionnels qualifiés. Si vous avez des remords sur des situations externes, à la vôtre, c'est bien d'aider. Mais le plus important de se rappeler que parfois certaines histoires ne vous concernent pas forcément.

Il faut avant tout s'occuper de ses oignons, un bon flaire vous dira que ce sont de meilleures odeurs que de mettre son nez littéralement dans les selles.

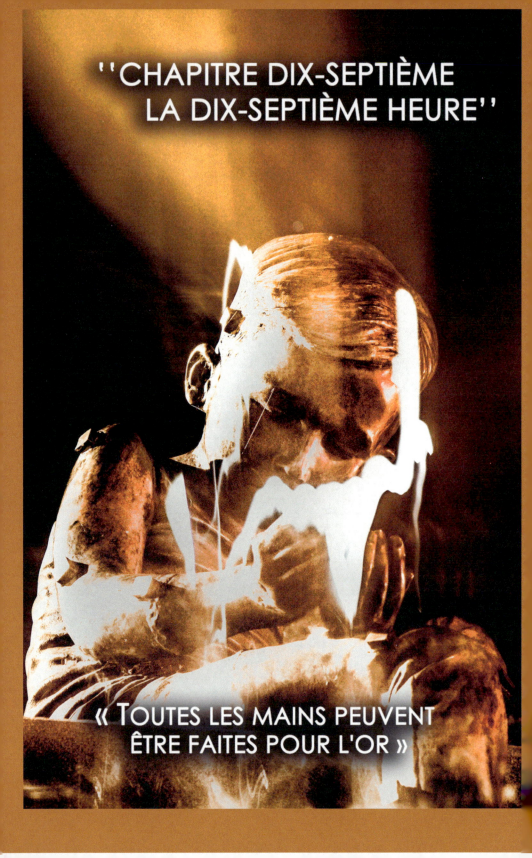

Une idée puissante, attirante qui rappelle à chacun d'entre nous que nous avons tous un potentiel incroyable, peu importe nos origines, notre éducation, notre situation actuelle ou nos circonstances de vie.

Le concept souligne que chaque personne a une valeur intrinsèque, une expertise unique et un talent naturel qui peut être développé pour devenir une personne en or.

En effet, chaque personne a des mains qui peuvent être utilisées pour réaliser des tâches, accomplir des objectifs, aider les autres, et créer quelque chose de beau et d'utile dans le monde.

Les mains sont un symbole de l'action, de la créativité, de la communication et de l'interaction avec le monde qui nous entoure.

Elles représentent également la force, la résilience, la persévérance et la détermination.

En adoptant l'idée que toutes les mains peuvent être faites pour l'or, nous reconnaissons que chacun de nous est capable de réaliser quelque chose de grand, quelque chose qui a du sens et qui a un impact sur les autres. Nous devons simplement être disposés à travailler dur, à apprendre de nos erreurs et à persévérer malgré les obstacles.

Cela signifie également que nous devons être prêts à sortir de notre zone de confort, à explorer de nouvelles idées, de nouveaux talents, de nouvelles compétences et de nouveaux domaines d'expertise.

Nous devons être ouverts à l'apprentissage tout au long de notre vie et à l'évolution constante de nos objectifs en fonction de nos expériences et de nos aspirations changeantes.

En somme, le concept :
"toutes les mains peuvent être faites pour l'or" vaut son pesant d'or.

C'est une invitation à croire en notre potentiel, à valoriser nos talents, à travailler dur et à poursuivre nos rêves avec passion et détermination. C'est un rappel que nous avons tous quelque chose de spécial à offrir au monde et que nous pouvons tous devenir des personnes en or, si nous le souhaitons vraiment et si nous nous y engageons pleinement.

N'oubliez pas que dans le mythe de Midas, ce dernier souhaite ardemment devenir riche et tout ce qu'il touche se transforme en or. Au début, il est heureux et comblé, mais bientôt, il réalise que son vœu a des conséquences imprévues et tragiques. Il ne peut plus manger ni boire, car tout ce qu'il touche se transforme instantanément en or, même sa fille bien-aimée.

Ce mythe illustre la limite à vouloir être une personne en or, puisque la richesse matérielle et le pouvoir absolu peuvent conduire à l'isolement, à la solitude et même à la destruction de ce qui est précieux dans la vie.

Doit-on réellement gagner sa vie ?

Quand on entend cette phrase, nous faisons tout de suite allusion au fait que l'on doit travailler pour subvenir à nos besoins. Alimentaires, logements, loisirs.
En somme, répondre à un besoin financier.
Ce qui est dérangeant avec cette phrase, c'est que l'on considère le travail comme une obligation pour pouvoir exister.

Le travail certes répond à un besoin, et est utile pour la société. Mais il n'est pas là pour définir si oui ou non, nous sommes dignes de vivre notre vie. La vie n'est pas une lutte, mais plutôt un assemblage d'expériences qui nous définissent.
Voyez le travail comme le moteur de la vie si vous le désirez. Mais ne le voyez pas comme un droit de vivre ou non.
Regarder le travail comme un moyen de gagner de l'argent et de vous rendre utile pour la société de préférence de manière épanouissante.

La célèbre phrase d'entrepreneur :
« ne travaillez pas pour gagner de l'argent, gagnez de l'argent pour qu'il travaille pour vous. »

Le désir de l'or peut nous aveugler aux aspects les plus importants de la vie, tels que les relations interpersonnelles, la santé, le bonheur et le bien-être.

Il faut comprendre l'importance de trouver sa propre valeur ajoutée et de travailler pour atteindre ses objectifs, mais cela ne signifie pas que la richesse matérielle est la seule mesure du succès.

Il est essentiel d'être conscient des limites du désir de l'or et de ne pas sacrifier les aspects les plus importants de la vie pour atteindre un but matériel et métaphysique.

Peu importe les remarques que l'on entend, on ne doit pas perdre nos objectifs, même s'il faut les faire évoluer en fonction de nos vécus et vécus à venir.

On a tous une valeur ajoutée. Soyez en or, mais faite attention.

Il faut ne pas agir seulement en fonction de ses ambitions, le constructivisme doit être respectueux vis-à-vis de l'essentialisme.

Cela peut être compris comme un appel à être vigilant et être conscient des personnes qui vivent dans le même environnement, à vivre en symbiose.

La légèreté et l'agilité dans nos actions et nos interactions avec les autres, c'est indispensable.

Être trop lourd, c'est risquer de ne pas être compris,
   de ne pas être écouté,
   et de faire peser une charge sur les autres.

   Il est important de comprendre que nos ambitions et nos objectifs ne doivent pas nous aveugler au point de négliger les autres et de devenir insupportablement lourds dans nos relations.

Nous devons être conscients des besoins et des attentes de nos proches et être prêts à collaborer avec eux pour atteindre nos objectifs communs.

Le concept de légèreté implique également de ne pas être trop attaché à nos propres idées et opinions.

« Si les boulets étaient faits en hélium, la vie serait plus légère. »

Nous devons être ouverts d'esprit et prêts à remettre en question nos croyances pour mieux comprendre les perspectives prodiguées. Cela peut nous aider à mieux travailler en équipe et à atteindre des résultats plus significatifs.

En somme, être léger ne signifie pas abandonner nos ambitions ou nos objectifs, mais plutôt les poursuivre de manière constructive et respectueuse envers les autres.

Cela implique une écoute attentive, une collaboration ouverte et une réflexion critique sur nos propres actions et comportements.

''CHAPITRE DIX-NEUVIÈME
LA DIX-NEUVIÈME HEURE''

« ÊTRE SUPERMAN NE VEUT PAS DIRE
ÊTRE LE SUPER MÂLE

DE L'AMOUR NAIT LE SUPERMAN »

Évidemment, c'est bien de se comporter de manière exemplaire,

mais il faut rester naturel,

on peut aimer l'image symbolique d'être un héros ou super héros dans le cas de Superman.

Savoir être un modèle pour les autres, sans avoir besoin de se conformer aux stéréotypes de genre qui peuvent limiter notre potentiel et nous empêcher de nouer des relations saines et épanouissantes avec les autres.

Même si quelquefois, il est important de rester en posture d'homme de l'ombre.

Dans ce sens, rester anonyme, voire humble.

Ou bien agir sans rien attendre en retour dans l'anonymat. Sans avoir et vouloir l'être en retour. Sauf une femme à aimer.

Le concept de "mâle Alpha" est souvent utilisé pour décrire un comportement masculin qui est dominant, agressif et compétitif. Cependant, il n'existe pas de preuves scientifiques solides pour soutenir l'existence de ce type de comportement chez les hommes. De plus, cette idée de masculinité toxique peut nuire aux relations interpersonnelles et à l'épanouissement personnel.

En revanche, le concept de "male Omega" fruit de mon invention suggère que chaque personne, avec sa personnalité unique et ses qualités, est importante et nécessaire à la construction d'une société équilibrée et harmonieuse. Chaque lettre de l'alphabet grec est nécessaire pour la construction de phrases, tout comme chaque individu est important pour la construction d'une communauté.

À chaque lettre de l'alphabet, on a le droit de construire une identité, de donner du sens à notre existence. Avoir une étymologie. D'ailleurs, rappelons-nous de ceci :

* Alphabet :

À l'origine et étymologiquement parlant, le mot vient de la première lettre de l'alphabet grec, "alpha", et de la deuxième lettre, "bêta".

L'alphabet grec a été le premier alphabet connu à utiliser des symboles distincts pour chaque son de la langue, ce qui a permis une plus grande précision dans l'écriture et la lecture. De là, le concept d'un alphabet s'est étendu à d'autres langues. Vous pouvez relier ça au chapitre quatrième.

Un truc, un machin, une chose, une particule. Un nanani. Un nanana.

L'utilisation de l'alphabet est un exemple de la diversité et de la nécessité de différents éléments pour la construction de quelque chose de plus grand. Tout comme chaque lettre de l'alphabet est nécessaire pour former des mots, chaque individu est important dans la construction d'une société plus grande.

La prise de conscience de l'étymologie des mots que nous employons peut également nous aider à mieux comprendre notre histoire et à mieux communiquer avec les autres.

Il est important de prendre conscience de notre identité unique et de reconnaître que chaque personne est différente, avec des talents et des qualités uniques.

Cela implique pareillement d'être conscient des mots que nous utilisons et de leur étymologie, pour éviter de perpétuer des stéréotypes ou des préjugés. L'amour et l'empathie sont des qualités fondamentales pour avoir l'étoffe d'un héros et être un modèle pour les autres.

En mettant l'accent sur ces valeurs, nous pouvons construire des relations saines et épanouissantes avec les autres, et être une source d'inspiration pour ceux qui nous entourent. N'oublions pas qu'à vouloir voler trop près du soleil, on peut faire une chute vertigineuse, pour rappeler le mythe d'Icare.

On peut voir dans ce mythe comme une leçon sur l'importance de ne pas être trop ambitieux ou trop orgueilleux.

Comme Icare, si l'on essaie de s'élever trop haut ou trop rapidement, on peut se brûler les ailes et s'écraser avec ou sans panache.

Dans le même ordre d'idées, cela peut être compris comme un avertissement contre l'excès d'ambition et d'ego. En essayant de se comporter comme le "super mâle" ou le "mâle alpha", on peut devenir trop lourd et insupportable pour les autres, au point de perdre le respect et l'admiration que l'on souhaite potentiellement gagner.

Ce concept suggère plutôt de rester humble et naturel, d'embrasser sa propre personnalité et de reconnaître l'importance de toutes les personnes,

Comme dans le mythe d'Icare, cela implique de ne pas chercher à s'élever trop haut ou trop rapidement, mais de trouver un équilibre entre l'ambition et la modestie, entre la confiance en soi et le respect.

*Lex Luthor (ou sûrement sa femme) aurait potentiellement dit ceci au propos de Superman :

« N'oubliez pas, ce n'est pas parce que Superman ne vient pas de la Terre, qu'il est forcément con comme la lune. »

Le costume de Superman est bleu et rouge. Donc est-il sage comme un bleu et courageux comme un rouge ? Ou bien fort comme un bleu et potentiellement en colère comme un rouge ?
Ne vous inquiétez pas, son symbole est entouré de jaune. Donc de loyauté et du non-attrait au côté obscur de la couleur rouge. Ce jaune représente sa gaité et par extension son bonheur.
Son côté boy-scout !

Avant Métropolis,
Smallville était son "Flash vers le passé".
Son "Flashpoint", est bien son arrivée au Daily Planète.

« C'est-à-dire un air de campagne,
avant d'être en ville. »

- Ce n'est ni un drôle d'oiseau,
- Ni un avion de chasse, (ni un Béluga)

- C'est Superman !

"CHAPITRE VINGTIÈME LA VINGTIÈME HEURE"

« UN VERRE SOLITAIRE N'EST PAS UN VERRE COLLABORATIF ! »

Faire attention à notre santé, en gardant le sens de la fête :

C'est une invitation à prendre soin de soi, tout en appréciant la compagnie et en vivant pleinement les moments de convivialité.

L'expression

"verre solitaire"

peut être associé à une consommation d'alcool excessive et solitaire, sans partage ni convivialité, qui peut avoir des conséquences négatives sur la santé.

Cela peut également rappeler la notion de ver solitaire, un parasite qui se nourrit de l'hôte sans lui apporter de bénéfices, pouvant entraîner des problèmes de santé.

Ne pas vivre en symbiose avec le produit potentiellement consommé.

Ce n'est pas du donnant donnant.
Du Win-Win.

En revanche, l'expression "verre collaboratif" implique la notion de partage, de convivialité et de plaisir partagé.

En effet, boire un verre avec des amis, en famille ou avec des collègues peut être un moment de partage, de détente et de joie. Le concept souligne l'importance d'avoir un équilibre entre les moments de plaisir partagé et les moments de repos et de récupération, pour préserver sa santé et son bien-être.

Il est donc essentiel de savoir s'amuser et de profiter des moments de convivialité, mais également de prendre soin de soi et de son corps pour être en bonne santé.

En somme, le concept "un verre solitaire n'est pas un verre collaboratif" met en lumière l'importance d'un équilibre entre la vie sociale et la santé, et invite à profiter pleinement des moments de partage tout en préservant sa santé.

Nos choix de vie peuvent exercer des influences sur notre santé.

"CHAPITRE VINGT-ET-UNIÈME
LA VINGT-ET-UNIÈME HEURE"

« VERTIGO

POURQUOI LE TIGRE SE PARFUME À LA DYNAMITE ET PRENEZ GARDE

À LA SUEUR FROIDE »

Certaines personnes ont le sang chaud, et il faut composer avec,

pour ne pas se faire de mauvaises idées.

C'est lié à la notion de prendre des risques, de ne pas craindre l'incertitude,

mais aussi de savoir garder son calme et contrôler ses émotions.

Les titres de films "Le tigre se parfume à la dynamite" et "Sueur froide" évoquent l'idée de danger, de risque et d'adrénaline.

Il est important de comprendre que la vie n'est pas un film, et que les films sont des moments de vie capturée.

Prendre des risques inconsidérés peut entraîner des conséquences désastreuses.

"Laisser parler le tigre qui est en vous."

Mais référez-vous au chapitre " la politique et nos animaux "

Cependant, il est également important de ne pas avoir peur de sortir de sa zone de confort et d'explorer de nouvelles possibilités, en gardant à l'esprit que tout doit être fait avec prudence et réflexion.

La référence au « Tigre » peut être interprétée comme une métaphore pour représenter notre côté impulsif :

nos pulsions.

Notre désir de prendre des risques et de vivre des expériences intenses.

Cependant, il est également important de se rappeler que même les tigres peuvent être apprivoisés, et que nous pouvons apprendre à canaliser notre énergie de manière positive et productive.

« Un tigre qui se parfume, est un tigre civilisé ».

« En amour, il vaut mieux se prendre une douche froide. Plutôt que de ne pas se laver du tout ».

En ce qui concerne la référence à la "sueur froide", elle évoque l'idée de contrôler ses émotions, de garder son calme même dans des situations stressantes ou dangereuses.

Éviter d'avoir le vertige : « Vertigo » pour être en adéquation avec le thème.

Savoir garder la tête froide peut être un atout précieux dans la vie.

Cela nous permet de prendre des décisions réfléchies et de faire face aux défis avec assurance et sérénité.

Prendre conscience de nos faits et de nos actes. Pour vaincre à la fois les sujets problématiques qui peuvent être perçu comme un réel vertige. Les vertiges causés par notre société.

Garder le contrôle de nos émotions et en étant conscient des conséquences de nos actions.

"CHAPITRE VINGT-DEUXIÈME
LA VINGT-DEUXIÈME HEURE"

« FAITES LA BONNE CHOSE -
DO THE RIGHT THING - DO THE THING -
DO THING - DO

AIME SI - AIME ÇA - LIKE THIS -
LIKE THAT - COMME SI - COMME ÇA -
ET FÊTE BIEN ÇA »

Ce concept met en avant l'importance d'agir en fonction de nos envies, tout en restant ouvert aux conseils et aux remarques.

Il s'agit de prendre en compte les diverses opinions, on parle alors de notion et d'appliquer notre libre-arbitre et de faire les choses malgré tout.

C'est une invitation à célébrer nos accomplissements et à apprécier les moments de joie qui en découlent.

Il est important de se réjouir de nos succès, même s'ils semblent insignifiants. Pas besoin d'être long parfois.

Tout est dans le titre.

Du chapitre et du livre.

* Faites la Fête

Il est important de noter que le mot "Fête" n'est pas uniquement un nom, mais aussi un verbe "Faire".

En d'autres termes, la fête n'est pas seulement quelque chose que nous avons, mais quelque chose que nous faisons. La fête nous invite à nous engager dans l'action, à participer activement et joyeusement à la célébration.

Comme le mot "faites", la fête implique une certaine forme d'accomplissement, une réalisation qui est le fruit de notre propre travail et de notre propre engagement.

La chandeleur, c'est la " Fête des crêpes ".
Donc " Faites des crêpes ".

« La vie, c'est un peu comme une pintade. On se demande quelle farce on va bien pouvoir faire pour la rendre meilleure. »

N'oublie pas que tu as toutes tes chances. Sur un bon entendu ça peut fonctionner.

"CHAPITRE VINGT-TROISIÈME
LA VINGT-TROISIÈME HEURE"

LA CARTOGRAPHIE MENTAL

-

LA SCIENCE DES CAUCHEMARS RESTE AVANT TOUT L'INTERPRÉTATION DE RÊVE(S)

L'INSIGNIFIANT RAPPELLE QUE
L'ON PEUT CHANGER LA STRUCTURE D'UN CHAPITRE

Il arrive de faire des rêves et des cauchemars.

Il est important de bien de les identifier, de comprendre pourquoi on les fait,

de cibler les traumatismes pour mieux vous convaincre que c'est le meilleur moyen de les vaincre, et d'éviter de les refaire.

Pour mieux réaliser ses rêves.

Analyser nos rêves et nos cauchemars.
En effet, ces derniers peuvent nous donner des indications sur nos désirs, nos peurs, nos traumatismes et notre état émotionnel.

La cartographie mentale consiste à dessiner des cartes visuelles de nos pensées, de nos idées et de nos informations,

pour mieux les organiser et les comprendre.

Dans le contexte des rêves, cela signifie que nous devons créer une carte mentale de nos rêves et de nos cauchemars, afin de mieux les interpréter et de comprendre leur signification.

L'interprétation des rêves est une pratique ancienne « qui daterait à l'époque de l'Égypte antique ».

Cette pratique consiste à analyser les symboles, les images et les émotions que nous vivons dans nos rêves pour en tirer des conclusions sur notre état émotionnel, notre subconscient et nos désirs refoulés.

Un principe beaucoup utilisé en psychanalyse.

En fin de compte, l'objectif de la cartographie mentale est d'identifier l'interprétation des rêves et de nous aider à mieux nous connaître, à comprendre nos pensées et nos émotions, et à travailler sur nous-mêmes pour atteindre nos objectifs personnels. Cela peut nous aider à avoir des nuits paisibles et des rêves plus agréables.

En comprenant mieux nos rêves et nos cauchemars, nous pouvons travailler sur nous-mêmes pour devenir la meilleure version de nous-mêmes et réaliser nos rêves.
Nous pouvons ensuite retourner à des nuits paisibles et faire de beaux rêves.

C'est en quelque sorte :

"la science des trêves"
entre vos cauchemars et votre éveil, une pleine conscience. Une lucidité.

« La grève des idées noires ».

« Pour éviter les sentiers sombres »

et ne plus en avoir peur.

Vous verrez qu'au bout du compte, vos rêves, se réaliseront si ils sont réalistes, comme des étoiles s'aligneraient d'elles-mêmes ».

C'est ça la cartographie mentale, relier nos différents points noirs et les mettre en lumière.

Relier nos étoiles contraires.

Comme à la manière des jeux pour enfants où il faut relier les points pour obtenir une image et gagner des points sur la compréhension de la révélation de l'image obtenue.

« Relier nos étoiles pour obtenir des constellations »

Avoir des propos cohérents.

Faire en sorte que ça ne soit pas des nébuleuses.

Einstein disait :

"la créativité, c'est l'intelligence qui s'amuse".

Deux atomes quand ils sont iso-topes ça donne une molécule géniale, j'en suis certain.

"Je dirais que l'intelligence, c'est la créativité qui s'amuse".

Des molécules que l'on a envie de partager et avec lesquelles on a envie de jouer. Des médias - molécules. C'est une connexion et un processus logique qui doit avoir un sens :

Pour paraphraser un ami et qu'il est bon de rappeler que souvent :

> "Une étoile, s'inspire toujours d'une autre étoile".

Pour clore ce chapitre en beauté nous pouvons donc affirmer qu'au final :

> "Les constellations, ce ne sont que des étoiles qui s'allient"

Je suis certain que cela vous aidera à affronter les Mille et une Nuits.

Vous verrez.

Vous en rêverez.

Cauchemars d'enfance, bons souvenirs d'adultes.

Quand j'étais jeune, un souvenir ne m'avait pas traumatisé, mais profondément marqué, et pas dans le bon sens du terme.
Un ami m'avait invité à jouer une après-midi à la console, je devais avoir sept ou huit ans à ce moment-là.
Mon ami m'a convié à une partie d'un jeu vidéo, qui n'était définitivement pas réservé pour notre âge. Un jeu vidéo d'horreur très connu et réputé dans ce domaine avec pour concept :

Un manoir et survivre dedans, avec comme locataire des morts-vivants.
Tout en découvrant les secrets liés au manoir parsemé d'énigmes pour avancer, et entrevoir le bout du tunnel. Une déscente en enfer progressive, comme dans un cauchemar éveillé. Une nuit pour surmonter les mystères que nous réserve :

« La résidence au sommeil le mal »

Ce souvenir m'a marqué, car mon ami habitait dans une ferme traditionnelle française, et nous avons joué des heures à ce jeu pendant la soirée. Ce qui, bien évidemment, n'a fait que décupler le ressenti de peur prévu par le jeu. Une ambiance.

Je n'ai que très peu de souvenirs de ce moment-là, mais avec le temps, je ne me rappelais que de moments vagues de se souvenir. Je me rappelais que d'un bruit et la présence d'une horloge. Je me rappelais également la présence d'araignées géantes. Ces souvenirs m'ont suivi de manière inconsciente pendant plusieurs années. Mon subconscient m'évoquait ces souvenirs de temps en temps.

Pas de manière obsessionnelle, ni de manière traumatisante. Mais belle et bien présente dans mon esprit à certains moments de vie. Sans vraiment réussir à mettre la main dessus ni à me rappeler du nom de l'œuvre originale.

L'origine d'un mal (et non du mâle).

Ce n'est qu'à l'âge de mes 25 ans, en voulant découvrir de nouvelles expériences vidéo - ludiques, que je me suis dit que j'allais découvrir ce jeu vidéo des années 1990 remis au goût du jour, avec les normes actuelles de production.

Cette décision fut salvatrice, en quelque sorte, sans vraiment que je le sache. Il s'agissait bien d'une version moderne du jeu vidéo de mon enfance. Une version améliorée et beaucoup plus avancée dans son concept en gardant la même base.

Avec une nouvelle approche du jeu, et une nouvelle perspective due à mon âge, et de par le fait qu'il y avait presque 20 ans d'écart entre le souvenir que j'avais et la nouvelle expérience engagée.

J'ai pu cibler un élément marquant de mon enfance, redécouvrir cette horloge qui sonnait quelque part dans mon esprit, vaincre le mauvais souvenir en le comprenant, et au passage découvrir une de mes meilleures expériences en tant que joueur de jeux-vidéo.

* La boussole

Pour la cartographie mentale, il est important de se rappeler que certains objets sont utiles pour plusieurs raisons. L'important, quand on découvre un nouvel objet, qu'on l'appréhende, le manipule, on se pose systématiquement plusieurs questions sur son utilité.

Selon la personnalité de chacun, l'utilisation de cet objet va être réfléchie en deux temps : Les personnalités les plus pragmatiques vont dans un premier temps se demander quelle est la fonction de l'objet, et dans un second temps, demander pourquoi l'objet a été conçu. Une approche de la fonction de l'objet en priorité, et dans un second temps un questionnement sur l'origine de la conception de l'objet. Donc dans l'ordre, on a :

- que fait l'objet ?

Après coup, on a :

- à quel besoin répond cet objet ?

Dans une approche plus axée sur la compréhension de l'objet avant son utilisation.

On a :

Une personnalité plus dans l'apprentissage théoricien avant la pratique demandera dans un premier temps ce pour quoi l'objet a été conçu, et à quel besoin primaire, il répond ? Après coup, il demandera comment ça fonctionne, ou comment l'objet marche et répond au besoin.

Cette personnalité a besoin de comprendre l'utilité, de savoir ce pour quoi l'objet a été créé. Avant de savoir comment ça fonctionne. Donc dans l'ordre, on a :

- À quel besoin répond cet objet ?

Après coup, on a :

- Que fait l'objet pour répondre à ce besoin ?

C'est une différenciation entre comprendre le théorique et comprendre le pragmatique.

L'idée derrière l'exemple de la boussole étant que si l'on demande à quelqu'un :

À quoi sert une boussole ?

Il vous répondra si il connaît la réponse de la manière suivante, ou plutôt de deux manières différentes en fonction de sa personnalité :

- La réponse pragmatique.

« Une boussole sert à indiquer le Nord, le Sud, l'Ouest, et l'Est grâce au magnétisme de la terre. »

- La réponse théorique.

« Une boussole est un outil qui permet de se repérer, et d'indiquer les chemins à suivre pour éviter de se perdre. »

Les deux sont factuellement des réponses justes. Pour obtenir un apprentissage complet, il faut allier le pragmatisme et la théorie.

Pourquoi cela existe ?
Comment cela fonctionne ?

La cartographie mentale est donc un repère à la fois de l'espace et de l'esprit.

"CHAPITRE VINGT-QUATRIÈME
MINUIT SONNE À
LA VINGT-QUATRIÈME HEURE"

« ENCORE DEBOUT

EN 24 HEURES,
ON A JUSTE FAIS UN TOUR »

Dans une journée il y a 24 heures, chaque heure à son importance et chaque minute est un apprentissage.

En effet, chaque heure de notre journée est un cadeau et a son importance en nous apportant quelque chose, même si ce n'est pas toujours évident sur le moment.

Il est donc crucial de prendre conscience de la valeur de chaque moment et de ne pas les tenir pour acquis.

Chaque minute que nous passons est une opportunité d'apprendre, de grandir et de nous épanouir. Nous avons seulement 24 heures dans une journée, et quand nous faisons le tour de cette journée,

nous devrions être reconnaissants envers nous-mêmes pour les expériences et les apprentissages que nous avons acquis.

Cependant ;

Il est également important de se rappeler que lorsque nous avons fait le tour d'un sujet, nous devons savoir quand nous arrêter pour en commencer un nouveau.

Cela signifie que nous ne devons pas nous attacher à un seul aspect de notre vie ou à une seule expérience.

Nous devons être ouverts à de nouvelles expériences et être prêts à apprendre de nouveaux sujets.

Lorsque nous restons ouverts et curieux, nous sommes plus à même de trouver de la valeur dans les moments apparemment insignifiants.

Un rappel que chaque moment de notre vie est précieux, même ceux que nous pourrions considérer comme insignifiants.

Il nous évoque également l'importance de la diversité des expériences dans notre vie et de ne pas rester coincé dans un seul sujet ou une seule façon de penser.

En étant conscients de ces idées, et à grandir en tant qu'individus. En pleine conscience.

Avec tout ce qui a été dit, n'oubliez pas qu'en 24 heures, on a seulement fait un tour du cadran d'une horloge.

À vous de prendre du recul, et sortir du cadre.

De sortir de l'heure-logée.

Le dernier vers rappelle que, malgré toutes les expériences que nous avons dans une journée, nous n'avons fait qu'un tour de l'horloge.

Il est important de prendre du recul et de sortir de notre obsession pour le temps afin d'être plus présents et plus conscients dans notre vie.

Rappelons-nous également qu'en une journée, la Terre ne fait qu'un tour sur elle-même. On appelle ce système la rotation. Donc en 24 heures on a littéralement juste fait un tour.

Donc on revient à notre point initial avec des nouvelles expériences que nous avons acquises pendant notre journée. Ce n'est pas énorme à l'échelle humaine.

Mais en accumulant ces journées cela devient intéressant sur le long terme.

N'oubliez pas que dans une année il y a 365 jours et que la Terre fait le tour du Soleil, c'est déjà plus important comme déplacement de ce point de vue.

C'est d'ailleurs pour cela que l'on appelle ce phénomène une révolution. Un an c'est un changement significatif pour un être humain.

Donc retenez bien qu'en 24 heures, on a juste fait un tour.
Mais qu'en une année nous avons fait une révolution.

Winter is comming -
Summer it's an happening

"CHAPITRE VINGT-CINQUIÈME
LA VINGT-CINQUIÈME HEURE"

« LA 25ÈME HEURE

L'HEURE CONSCIENTE
L'HEURE-LOGÉE DE L'HORLOGER »

L'état de pleine conscience,

est un état mental dans lequel nous sommes attentifs au moment présent de manière consciente,

sans jugement et sans être distraits par nos pensées,

nos émotions ou nos sensations corporelles.

Lorsque nous sommes en état de pleine conscience, nous prenons conscience de notre expérience immédiate sans chercher à la modifier ou à la contrôler.

Nous observons simplement nos pensées, émotions et sensations corporelles avec une curiosité bienveillante, sans porter de jugement sur leur qualité ou leur importance.

La pleine conscience peut être pratiquée dans différents contextes.

En pratiquant régulièrement la pleine conscience, nous pouvons améliorer notre capacité à nous concentrer, à gérer notre stress et à réguler nos émotions. Le yoga, la méditation, la marche et la cuisine sont une première étape qui peut solliciter la pleine conscience.

Les débats, les analyses :

social, médical, sentimental, budgétaire sont d'autres exemples au même titre que les repas. En résumé, la pleine conscience consiste à être pleinement présents et conscients de l'instant présent, sans être distrait par nos pensées, nos émotions ou nos sensations corporelles, et sans porter de jugement sur notre expérience. La 25ème heure est donc au-delà des contraintes temporelles imposées par les 24 heures d'une journée. En d'autres termes, cela signifie être pleinement conscient et engagé dans ce que l'on fait, sans se soucier du temps qui passe ou des tâches à venir.

L'heure consciente est un état d'esprit dans lequel vous êtes totalement présent et concentré sur l'instant présent, en vous libérant de toute distraction mentale ou émotionnelle.

Quant à l'expression
" l'heure-logée de l'horloger " :

Elle fait référence à une conception de la gestion du temps basée sur la métaphore de l'horlogerie.

Cette métaphore consiste à voir le temps comme un mécanisme complexe et précis, qui doit être réglé et ajusté avec soin pour éviter les perturbations.

L'heure-logée de l'horloger se réfère à la capacité de gérer son temps de manière efficace et structurée, pour ne pas être coincés dans notre représentation du temps. En s'organisant pour être productif et en évitant les perturbations ou les interruptions inutiles même si elles ont la capacité d'être insignifiantes.

Cette approche peut aider à mieux gérer son temps et à être plus efficace dans ses tâches quotidiennes.

« L'heure-logée de l'horloger »

est donc complémentaire à la 25ème heure. Ne pas tout analyser pour ne pas tout sur interpréter, pour se laisser vivre.

L'heure tourne,

                                               TIC - TAC

L'heure a sonné.
J'espère que je ne vous ai pas perdu avec le temps.

Faites attention sans espace défini, on peut se perdre dans le temps.

Être déboussolé, c'est sans doute ça qui est effrayant.
                        Un repère, c'est important.

« Un porte temps » est l'espace-temps.

Car chaque moment de vie doit être soutenu.

C'est ça un souvenir "important" :

« Un porte temps,
  des moments insignifiants. »

Sur ces belles paroles, je vous laisse méditer.

Car il est temps pour nous,

de se quitter.

En espérant qu'avec cette pièce le puzzle soit complété.

Rappelez-vous :

La pièce rapportée est sans doute la clé.

''RECAPITULATIF - SYNTHESE''

« NE PRENEZ PAS TOUS CE QUE JE DIS AU PIED DE LA LETTRE »

Ces sujets sont liés à la psychologie et au développement personnel,

tels que la créativité, les biais cognitifs,

la communication,

la psychologie positive et la gestion du temps.

Nous avons exploré différentes méthodes et pratiques pour améliorer ces aspects de notre vie et avons discuté des avantages pour la santé mentale et physique.

Nous avons exploré les biais cognitifs, qui sont des erreurs de pensée courantes qui peuvent affecter la façon dont nous traitons l'information et prenons des décisions.

Nous avons discuté de différents types de biais, tels que la confirmation,

l'ancrage et l'effet de halo, et des stratégies pour les identifier et les surmonter.

Nous avons abordé la communication, en examinant ses différentes dimensions, telles que l'écoute active, l'empathie, la persuasion et la négociation.

Nous avons également discuté des obstacles à la communication, tels que les préjugés, les stéréotypes et les différences culturelles, ainsi que des moyens pour améliorer la communication.

Nous avons réfléchi à la psychologie positive, qui se concentre sur les aspects positifs de la vie, tels que le bonheur, le bien-être et l'épanouissement.

Nous avons parlé des différentes pratiques et interventions de la psychologie positive, telles que la gratitude, la méditation et la pleine conscience, ainsi que des avantages pour la santé mentale et physique.

Nous avons discuté de la notion du temps, de sa perception subjective et de sa gestion efficace.

Nous avons parlé de la métaphore de l'horlogerie, qui consiste à voir le temps comme un mécanisme complexe et précis, et de la capacité de gérer son temps de manière efficace et structurée.

Nous avons également abordé la pleine conscience, qui est un état mental dans lequel nous sommes attentifs au moment présent de manière consciente, sans jugement et sans être distraits par nos pensées, nos émotions ou nos sensations corporelles.

En conclusion le pouvoir de l'insignifiant est porté sur notre gestion du temps.

C'est un défi important pour de nombreuses personnes, mais en développant des stratégies efficaces pour gérer notre temps et en apprenant à être pleinement conscients de l'instant présent, nous pouvons maximiser notre productivité et améliorer notre bien-être mental et émotionnel.

C'est un livre hors du temps.
Même si sa première date de publication est au solstice d'été 2023 son développement a pris un temps vers le passé, vers le futur, mais surtout vers le présent.

La technologie et les techniques faites à la main, peuvent être une piste et une aide précieuse dans ce processus, mais il est important de l'utiliser judicieusement pour éviter les distractions inutiles.

En fin de compte, la gestion du temps est un élément - clé de la vie moderne, et en travaillant à améliorer notre relation avec le temps, nous pouvons mieux nous connaitre.

La clé vous appartient, prenez en compte ce qui a été dit.

Gardez à l'esprit que ce qui vous semble pertinent.

Mettez de côté ce qui ne vous plaît pas.
Argumentez et respectez la vision de chacun.
Celle de l'auteur incluse.

Maintenant à vous de voir la signification de l'insignifiant.

Que faire à 01h00 :

Généralement l'être humain à cette heure ci est dans un processus de sommeil, ou bien il peut travailler avec des horaires de nuit. Néanmoins, si on se trouve en période de vacances, en été, en campagne, il peut être imaginable de se retrouver autour d'un feu de camp. Ramener des pièces de viande semble alors dans ce cas adapté pour passer un bon moment en famille et avec ses proches.

Cependant, rien n'empêche, si vous êtes au calme chez vous, de se détendre et regarder un bon film ou écouter de la musique.
Dans ce cas un album ou un DVD.
Un blue ray peut être une bonne idée de pièce rapportée et pour colorer une soirée.

C'est généralement une heure où l'on peut se retrouver seul et se détendre ou être acompagné d'un être aimé.

Musique pour cette heure :

Joel Grare : Paris – Istanbul - Shanghai

Que faire à 02h00 :

Pour se détendre et s'aider à dormir, lire est une bonne activité. Dessiner peut-être, une bonne idée pour vider les informations reçues de la veille. Mettre en couleur et en forme des concepts compris et intégrer, pour mieux les retenir et laisser une trace de votre compréhension du monde, et par la même occasion un moyen d'évasion utile pour penser à autre chose. Une tisane est un bon moyen pour se détendre facilement et efficacement.

Regarder les lumières de la ville, sûrement rejoindre une fête, ou regarder ce qui se passe de l'autre côté du globe, qui sont en plein milieu de leur journée.

Prendre conscience que certaines personnes travaillent à des horaires compliqués et de relativiser sur sa condition.

Musique pour cette heure :

Serge Gainsbourg - Couleur Café
Lucille Crew – Big City

QUE FAIRE À 03H00 :

Quand on a du mal à dormir, un podcast est un bon moyen pour s'aider à se changer les idées, choisir un podcast passionnant ne va pas forcément vous aider à vous endormir, cependant vous apprendrez de nouvelles choses.

N'oubliez pas qu'à cette heure le cerveau humain a du mal à se concentrer. Il retiendra plus difficilement une information.

Il faut éviter de prendre des décisions importantes à cette heure-ci également. Attendre la nuit peut aider à cogiter.

La méditation est une bonne activité et une bonne piste pour réparer son esprit et ses sens. Prendre du temps pour se recentrer sur ses objectifs, et réfléchir à une ligne de vie plus saine.

Musique pour cette heure :

Ibrahim Maalouf – True Sorry

Que faire à 04h00 :

Si vous ne dormez pas à cette heure-ci, une activité nocturne peut être envisagée.
Sortir en boîte de nuit à cette heure-ci se fait généralement dans de bonnes conditions.

Parfois, quand on n'arrive pas à dormir, il vaut mieux décider de faire une nuit blanche pour être épuisé pour le lendemain.

Créer un décalage dans son cycle de sommeil n'est pas recommandé.

Car être en décalage avec les personnes qui nous entourent n'est pas forcément approprié pour passer du bon temps avec ses proches.
Donc à vous de voir si vous voulez privilégier une nuit de sommeil peu réparatrice, ou au contraire, vous vider totalement pour être certain de vous endormir à coup sûr.

Musique pour cette heure :

Bag Raiders – Shooting Stars

Que faire à 05h00 :

Si vous êtes un lève-tôt, vous pouvez profiter de ce temps calme pour méditer, faire du yoga ou pratiquer une activité physique qui vous convient.

En fin de compte, ce que vous faites de vos cinq heures du matin dépend de vos préférences personnelles et de votre emploi du temps. Cependant, si vous souhaitez utiliser ce temps matinal, et savourer l'aube d'un nouveau jour pour être plus productif ou pour prendre soin de vous, il est important de planifier à l'avance et de créer une routine matinale qui fonctionne pour vous.

En fonction de l'heure à laquelle le soleil se lève, vous pourrez sans doute commencer à entrapercevoir les rayons du soleil et savoir si votre journée sera bonne ou non.

Musique pour cette heure :

Jacques Dutronc – Paris s'Éveille

Que faire à 06H00 :

Faire de l'exercice tôt le matin est un excellent moyen de stimuler votre métabolisme et de vous donner de l'énergie pour la journée. Vous pouvez aller courir, faire du yoga, ou même simplement faire quelques étirements pour vous réveiller. Cela peut vous aider à réduire le stress et à vous sentir plus équilibré tout au long de la journée. Profitez du calme du matin pour planifier votre journée. Faites une liste de choses à faire et hiérarchisez-les en fonction de leur importance. Cela vous aidera à rester organisé et à être plus productif tout au long de la journée.

Prendre le temps de préparer un petit-déjeuner sain et équilibré peut vous donner l'énergie dont vous avez besoin pour affronter la matinée.

Musique pour cette heure :

Bob Dylan - Hurricane

Que faire à 07H00 :

Prendre quelques minutes pour préparer sa tenue, son sac, ses clés et tout ce dont vous avez besoin pour la journée peut vous aider à être plus efficace le matin et à vous assurer que vous n'oubliez rien d'important.

Profitez du calme du matin pour faire une tâche ménagère qui doit être faite, comme faire la vaisselle ou passer l'aspirateur. Cela peut vous aider à vous sentir plus organisé et productif pour le reste de la journée. Prévoir si vous avez du linge à disposition, prévoir ce qui sera à laver.

Passez du temps avec sa famille :

Si vous avez des enfants ou un conjoint, profitez du temps du matin pour passer du temps avec eux. Vous pouvez prendre un petit temps pour faire une activité créative ou ludique, jouer à un jeu ou discuter avant de partir au travail.

Musique pour « sept » heure :

Jermaine Jackson & Pia Zadora
- When The Rain Begins To Fall

Que faire à 08H00 :

Arriver tôt peut vous donner une longueur d'avance sur la journée de travail.

Cela peut vous donner le temps de vous organiser, de répondre aux e-mails et de vous concentrer sur les tâches les plus importantes.

Si vous travaillez en équipe, organiser une réunion matinale peut vous aider à vous synchroniser sur les tâches à accomplir.

Vous assurer que tout le monde est sur la même longueur d'onde pour la journée.

Si vous avez un trajet pour aller travailler, écoutez un podcast ou un livre audio, et surtout de la musique. Cela peut être une excellente façon d'apprendre quelque chose de nouveau ou de vous divertir en chemin.

Musiques pour cette heure :

Nimrod Nol - A Joyful Heart
Fleetwoodmac - The Chain

Que faire à 09H00 :

Prendre des pauses régulières peut aider à améliorer votre concentration et votre productivité. Planifiez des pauses toutes les heures ou toutes les deux heures pour vous détendre et recharger vos batteries.

Si vous travaillez, prenez quelques minutes pour évaluer les tâches les plus importantes de la journée et décidez par où commencer. Cela peut vous aider à être plus productif et efficace tout au long de la journée.

Prendre quelques minutes pour discuter avec vos collègues peut vous aider à vous sentir plus connecté à votre lieu de travail et à améliorer votre moral. Vous pouvez prendre un café avec un collègue ou simplement dire bonjour à tout le monde dans le bureau.

Musique pour cette heure :

Pamelo Mounk'a
- Le Travail Toujours Le Travail

Que faire à 10H00 :

Si vous avez des e-mails ou des messages importants à répondre, prenez le temps de les traiter et de les organiser. Cela vous permettra de vous concentrer sur d'autres tâches plus tard dans la journée.

Organiser votre espace de travail :

Prendre le temps d'organiser votre espace de travail, segmenter ses diverses activités pour ne pas s'emmêler les pinceaux.

Si vous avez une passion que vous avez négligée ces derniers temps, c'est l'occasion de vous y consacrer.

Que ce soit la photographie, la musique ou le jardinage, investir du temps dans une passion peut être une source de plaisir et d'épanouissement.

Musiques pour cette heure :

The Weather Girls - It's Raining Men
B.J. Thomas - Raindrops Keep Falling On My Head

QUE FAIRE À 11H00 :

Si vous êtes entouré par la nature, c'est un bon moment pour profiter de celle-ci. Vous pouvez faire une promenade dans la nature, pique-niquer dans un parc ou simplement vous asseoir dehors et profiter de l'air frais.

Si vous avez du temps libre, c'est l'occasion idéale pour explorer de nouveaux endroits dans votre ville ou à proximité. Vous pouvez visiter un musée, faire une randonnée dans la nature, ou découvrir un quartier que vous ne connaissez pas encore.

Si vous avez des amis que vous n'avez pas vus depuis longtemps, c'est un bon moment pour organiser un déjeuner ou une activité ensemble. Les interactions sociales peuvent être très bénéfiques pour notre bien-être et notre santé mentale. Simplement vous asseoir dehors et profiter de l'air frais.

Musique pour cette heure :

Bob Marley - Sun Is Shining (House Remix)

Que faire à 12H00 :

Se promener : Un voyage triste peut sembler difficile et douloureux, nous pouvons trouver un sens plus profond dans cette expérience. Nous pouvons utiliser ce voyage pour cultiver une conscience de notre propre vulnérabilité et pour explorer la nature changeante de la vie. Nous pouvons chercher à comprendre la source de notre douleur, à accepter nos émotions et à utiliser cette période pour cultiver notre propre croissance et transformation personnelle. Nous pouvons également nous rappeler que les moments les plus difficiles de la vie peuvent souvent être les plus révélateurs et les plus significatifs. Enfin, nous pouvons utiliser ces voyages pour nous rappeler la beauté et la fragilité de la vie, pour être reconnaissants pour les moments de bonheur et pour nous engager à vivre pleinement et authentiquement chaque jour.

Musique pour cette heure :

Bruno Coulais - Vois Sur Ton Chemin

Que faire à 13H00 :

La digestion est une fonction corporelle vitale et mentale, mais elle peut également être un domaine où l'on peut trouver de la sagesse et de la compréhension. En adoptant une approche philosophique de la digestion, nous pouvons cultiver une conscience de ce que nous mangeons et comment cela affecte notre corps et notre esprit. En choisissant des aliments sains et nutritifs, nous pouvons nourrir notre corps et notre esprit, renforcer notre système immunitaire et maintenir un bien-être optimal. Nous pouvons apprendre à être plus conscients de notre corps et de notre nourriture, et ainsi cultiver une relation plus profonde avec notre alimentation. Enfin, en adoptant une approche globale de la santé et du bien-être, nous pouvons voir la digestion comme un moyen de connecter notre corps et notre esprit, et ainsi trouver une harmonie intérieure et extérieure. C'est également une invitation à digérer une information.

Musique pour cette heure :

DeVotchKa & Mycheal Danna - The Winner Is

Que faire à 14h00 :

La question de savoir comment utiliser notre temps est une préoccupation fondamentale pour beaucoup d'entre nous, en particulier pour ceux qui cherchent à atteindre une certaine forme d'épanouissement intellectuel. Toutefois, même si nous nous sentons insignifiants, nous avons tous la capacité de faire des choix significatifs et d'agir de manière responsable avec notre temps. Le temps est une ressource précieuse et limitée, donc chaque moment compte.

Peu importe ce que nous choisissons de faire, l'important est de reconnaître que nous avons le pouvoir de donner un sens à notre vie et d'apporter une contribution significative à notre monde, même si nous sommes apparemment insignifiants. Comme l'a dit Sénèque : "Il n'y a pas de vent favorable pour celui qui ne sait où il va". Il est donc important de déterminer nos objectifs et de nous engager à agir de manière cohérente pour les atteindre.

Musique pour cette heure :

Vangelis - Conquest Of Paradise

Que faire à 15h00 :

Les discussions futiles peuvent sembler sans importance, mais elles peuvent également être une occasion de se connecter avec les autres et de cultiver des relations significatives. Nous pouvons apprendre à apprécier la valeur de ces conversations et à les utiliser pour renforcer notre capacité à écouter, à comprendre et à communiquer. Nous pouvons utiliser ces moments pour cultiver notre propre curiosité, pour explorer de nouvelles idées et pour enrichir notre compréhension du monde. Nous pouvons par ailleurs utiliser ces discussions pour cultiver une conscience de notre propre subjectivité et pour être ouverts à la perspective des autres, même lorsque nous ne sommes pas d'accord avec eux. Ces discussions futiles peuvent nous aider à cultiver la joie, la légèreté et l'humour dans nos vies. N'hésitez pas à parler et à en parler.

Musique pour cette heure :

Stevie Nicks - Edge Of Seventeen

QUE FAIRE À 16H00 :

Dans les moments de grande responsabilité, il peut être difficile de faire face à la pression et au stress qui accompagnent souvent ces situations. Nous pouvons trouver un sens plus profond et une plus grande satisfaction dans notre travail. Nous pouvons nous rappeler que la responsabilité est fréquemment un signe de confiance et de respect, et que cela peut être une occasion de se connecter avec notre propre potentiel et notre capacité à aider les autres. Nous pouvons également nous concentrer sur l'amélioration de notre propre sagesse et de notre connaissance, en étant humble, en cherchant la vérité et en apprenant de nos erreurs. Enfin, nous pouvons utiliser cette période pour cultiver une conscience de notre propre vulnérabilité, pour être honnêtes et authentiques, et pour nous rappeler que la vie est un processus de croissance et de transformation qui demande de la patience, de la persévérance et de l'humilité.

Musique pour cette heure :

Electric Light Orchestra - Livin' Thing

Que faire à 17h00 :

En fin de journée, il est important pour chacun de nous de prendre le temps de réfléchir à ce que nous avons accompli et à ce que cela signifie pour notre enrichissement personnel et financier. Cette introspection nous permettra de mieux comprendre notre place dans le monde et de mesurer notre impact positif sur la société. En fin de compte, ce bilan nous permet de mieux comprendre notre valeur en tant qu'individus et de nous motiver à continuer à travailler dur pour atteindre nos objectifs personnels et professionnels. L'être humain "insignifiant" a sans doute accompli de nombreuses tâches intellectuellement épanouissantes au cours de la journée.

Cela peut nous aider à identifier les domaines dans lesquels nous pouvons améliorer notre engagement et notre impact sur le monde (à notre échelle bien sur).

Musique pour cette heure :

Ennio Moricone - The Ecstasy Of Gold

Que faire à 18h00 :

Un humain qui a été intellectuellement épanoui toute la journée peut ressentir le besoin de lâcher prise pour ne pas fatiguer ses proches avec ses pensées et ses idées. Il est important de se rappeler que nos proches ont également besoin de notre présence et de notre attention, surtout après une longue journée de travail ou d'étude.
Bien que notre désir d'apprendre et de grandir soit important, il est essentiel de se rappeler que notre propre bonheur et notre bien-être ne peuvent être atteints qu'en prenant soin de nos relations avec les autres. Il est important de se rappeler que la vie est un équilibre délicat entre la poursuite de nos passions et la prise en compte des besoins et des sentiments des autres.

En cultivant une attitude de compassion et de considération pour les autres, nous pouvons trouver des moyens de partager notre savoir et notre expérience de manière constructive et engageante.

Musique pour cette heure :

Michel Polnaref - La Folie Des Grandeurs

QUE FAIRE À 19H00 :

Il est peut-être temps de ralentir et de se concentrer sur nos relations avec nos proches. Nous pouvons prendre le temps de partager nos expériences de la journée, d'écouter leurs histoires et de renforcer nos liens en passant du temps ensemble. Nous pouvons également trouver des activités qui nous permettent de nous rapprocher et de nous amuser ensemble, comme la cuisine, les jeux de société ou les promenades.

En fin de compte, à 19 heure, il est important de se rappeler que la vie ne se résume pas seulement à nos propres réussites et à nos objectifs personnels, mais aussi à la qualité de nos relations avec les autres. En investissant du temps et de l'énergie dans nos relations avec nos proches, nous pouvons trouver un, ou le sens de l'appartenance et de la communauté qui enrichit notre vie de manière inestimable.

Super-Musiques pour cette heure :

John Williams - Superman Main Theme
Hans Zimmer - Flight

Que faire à 20H00 :

La cuisine et la méditation peuvent sembler des activités très différentes, mais elles ont toutes deux en commun un aspect fondamental de l'existence humaine :

La conscience. En cuisine, être attentif et présent dans le moment présent, en choisissant les ingrédients, en les préparant et en les cuisinant avec soin et attention, peut apporter de la satisfaction et de la joie. De même, en méditation, être pleinement présent et conscient de notre corps, de nos pensées et de notre respiration peut nous aider à trouver la paix intérieure et à cultiver la compassion envers nous-mêmes et les autres. En adoptant une approche philosophique, nous pouvons voir la cuisine et la méditation comme des moyens d'explorer notre nature humaine, de cultiver notre compassion et de nous connecter avec le monde qui nous entoure.

Musiques pour cette heure :

Bernard Lavilliers - Kingstone
Kaoma - Lambada

QUE FAIRE À 21H00 :

Le courage ne consiste pas simplement à être intrépide ou à braver les dangers physiques, mais également à affronter les peurs et les incertitudes qui accompagnent la prise de décision. En ayant confiance en notre propre capacité à prendre des décisions, nous pouvons trouver la force de faire face aux difficultés de la vie et de surmonter les obstacles qui se dressent sur notre chemin.

Bien que la poursuite de nos passions et de nos intérêts soit importante, nous devons aussi prendre soin de nous-mêmes et de notre bien-être, en nous accordant des pauses et des moments de repos.

En cultivant une attitude de modération et de respect envers nous-mêmes et les autres, nous pouvons trouver des moyens de vivre pleinement et de manière satisfaisante, tout en prenant soin de notre santé physique et mentale.

Musiques pour cette heure :
Trevor Jones - Promentory
Ennio Moricone - Il Clan Dei Siciliani

Que faire à 22h00 :

Bien que la fête puisse sembler être un moment de plaisir superficiel, elle peut en réalité offrir de nombreuses opportunités de croissance personnelle et de développement social.

D'un point de vue philosophique, la fête est un lieu de rencontre et de partage, où les individus peuvent apprendre à mieux se connaître, à élargir leurs perspectives et à se connecter avec des personnes ayant des expériences et des idées différentes. La participation à une fête peut aussi aider à cultiver des compétences sociales telles que l'écoute active, la communication efficace et la collaboration.

En outre, la fête peut également être un lieu d'expression artistique et culturelle, offrant des performances de musique, de danse ou d'autres formes d'art. Participer à ces activités peut aider à stimuler la créativité et l'imagination, ainsi qu'à susciter une appréciation plus profonde pour la diversité et la richesse de la culture humaine.

Musiques pour cette heure :

Billy Preston - Nothing From Nothing
Justin Hurwitz - Finale

Que faire à 23H00 :

Les cauchemars peuvent révéler des aspects de notre inconscient et nous aider à comprendre des problèmes émotionnels ou psychologiques que nous pourrions rencontrer dans notre vie éveillée. Cela souligne l'importance de l'introspection et de la prise de conscience de soi. Les cauchemars peuvent être des manifestations de nos peurs, de nos angoisses ou de nos inquiétudes les plus profondes, et il est essentiel de les comprendre pour pouvoir avancer dans notre vie. Cela peut commencer en les analysant en détail, en se posant des questions sur les personnages, les situations et les émotions qui y sont présents. Ensuite, il peut être utile d'utiliser des techniques de méditation ou de visualisation pour explorer ses émotions et ses pensées plus profondément, en cherchant des moyens de les surmonter ou de les transformer en quelque chose de positif.

Musiques d'effroi pour cette heure :

Resident Evil Remake - Save Room
Resident Evil Remake - Main Hall

Que faire à 24h00 :

Pour mener une réflexion de manière efficace sur la journée vécue, il est important de trouver un endroit calme et surtout de se concentrer sur l'importance des pensées et de nos sentiments vécus. Parce que ceux-ci ne sont pas à négliger sur le long terme.

Il est également utile de garder un journal ou un carnet de notes, dans lequel nous pouvons écrire nos réflexions et nos idées. Cela peut aider à organiser nos pensées et à les exprimer de manière claire et cohérente. Trouver un sens plus profond à notre vie et poursuivre nos aspirations avec plus de clarté et de détermination.

Musiques pour cette heure :

Caravan Palace - Midnight
Daft Punk - Around The World

Que faire à la 25ème heure :

Pour cette heure c'est à vous de mener votre propre réflexion.

À la bonne heure !

Musiques pour cette heure :

Pink Floyd - Time
Hans Zimmer - No Time For Caution
Enya - Only Time

Remerciements

Je tiens à remercier profondément toutes les personnes avec qui j'ai eu la chance de travailler, économiser, collaborer, emmagasiner, sociabiliser, soigner, enrichir et partager de moments merveilleux et réalistes. Pour chaque personne, se cache un regroupement de molécules qui ont leurs vécus, leurs essences et leurs moments de constructivisme. Je pense à vous. À nous.

Jamais je n'aurais pu écrire ce livre sans l'aide d'experts dans leur domaine, et d'assistant comme chat gpt. Je le reconnais. Mais n'oubliez pas, il y a un humain derrière chaque récit.

À chaque personne son atome. Qu'ils soient isotopes, ou non. Je suis certain qu'en les assemblant, cela donne malgré tout une molécule géniale.

Merci, d'avoir acheté ce livre.

Oscar Flamion

REMERCIEMENTS

AUX ÊTRES AIMÉS

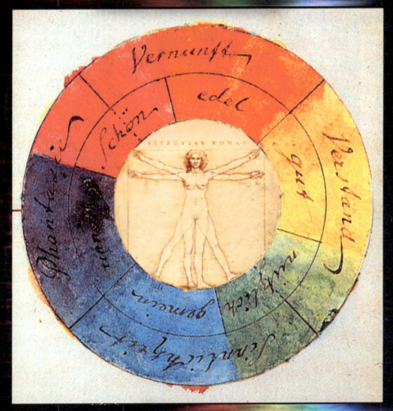

DEUX MERCI VALENT MIEUX QUE UN TU L'AURAS.
OSCAR FLAMION

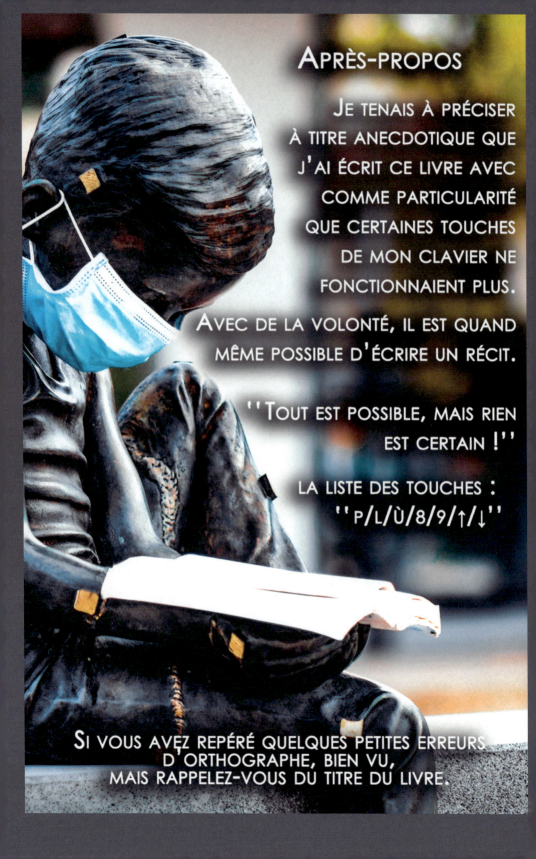

APRÈS-PROPOS

Je tenais à préciser à titre anecdotique que j'ai écrit ce livre avec comme particularité que certaines touches de mon clavier ne fonctionnaient plus.

Avec de la volonté, il est quand même possible d'écrire un récit.

"Tout est possible, mais rien est certain !"

La liste des touches :
"P/L/Ù/8/9/↑/↓"

Si vous avez repéré quelques petites erreurs d'orthographe, bien vu,
mais rappelez-vous du titre du livre.

" Copyright - © Oscar Flamion, 2023 "

Isbn : 9791041518555

printed on demand by Amazon

edithor on demand by Amazon

prix 19,50€   Dépôt légal - Solstice d'été - 21 juin 2023

"Le Code de la propriété intellectuelle et artistique n'autorisant, aux termes des alinéas 2 et 3 de l'article L.122-5, d'une part, que les « copies ou reproductions strictement réservées à l'usage privé du copiste et non destinées à une utilisation collective » et, d'autre part, que les analyses et les courtes citations dans un but d'exemple et d'illustration, « toute représentation ou reproduction intégrale, ou partielle, faite sans le consentement de l'auteur ou de ses ayants droit ou ayants cause, est illicite » (alinéa 1er de l'article L. 122-4). Cette représentation ou reproduction, par quelque procédé que ce soit, constituerait donc une contrefaçon sanctionnée par les articles L. 335-2 et suivants du Code de la propriété intellectuelle."

Printed in France by Amazon
Brétigny-sur-Orge, FR

21172714R00118